Sangre en el diván

EL EXTRAORDINARIO CASO DEL DOCTOR CHIRINOS

A Tomás Eloy Martínez, in memoriam.
Cumpliendo lo prometido, unos cuantos años después.

«No entiendo por qué los hombres siempre documentáis vuestras perversiones».

LISBETH SALANDER

en *La chica que soñaba con una cerilla y un bidón de gasolina*, de Stieg Larsson

CAPÍTULO I

Cuando habían transcurrido una hora y siete minutos de su último día de vida, el teléfono celular de Roxana Vargas repicó. Sobresaltada en su cama, atendió el móvil sin haber logrado conciliar el sueño. La llamada era del psiquiatra Edmundo Chirinos. «Dígame, doctor», respondió presurosa. A pesar de la intimidad que se había producido entre ambos, Roxana nunca lo tuteaba. Conversaron 4 minutos y 53 segundos.

El diálogo fue tenso, pero alentador. Él insistió en que la quería ver. Y esa procura a ella le halagaba un poco. Acordaron confirmar la hora, avanzando el día. Se encontrarían en el lugar de siempre: el consultorio del médico en La Florida.

Roxana presumía que sería un encuentro sexual, aunque también temía pasar un mal rato. Últimamente su psiquiatra, devenido en amante desde unos cinco meses atrás, se irritaba con ella con mucha facilidad. Roxana dejó por escrito que había llegado a amenazarla, aun cuando después él le aseguró que era incapaz de hacerle daño a alguien.

Chirinos había entablado la relación con Roxana –al igual que con varias decenas de mujeres– en la clínica Clineuci, de su propiedad. Las narraciones de muchas de ellas coincide como figuras en espejos, en la descripción del estilo que tiene el psiquiatra para establecer intimidad. En una primera cita, a solas, independientemente de la edad de la consultada, según rezan testimonios recabados a través de fuentes de organismos de seguridad y de mujeres que ruegan mantenerse en el anonimato, Chirinos plantea con premura el tema afectivo y sexual.

Dos preguntas le hizo directo a Roxana: «¿tienes novio?», «¿has hecho el amor con él?» A la primera respondió que sí (era falso, tenía un amor platónico). A la segunda, con la honestidad y debilidad de una paciente psiquiátrica de 19 años, a quien su madre había llevado con el temor de que se suicidara, respondió con la verdad: «No». Chirinos, de 74 años, abordó con destreza una primera aproximación física. Gustaba de hablar muy bajo, y si la mujer no se acercaba, él lo hacía delicadamente. De un modo casi femenino. A Roxana comenzó a tocarle con suavidad el pelo, hasta que fue deslizando su mano a lo largo de la cara, deteniendo sus dedos en el borde de los labios, apenas cubiertos con un brillo con aroma de naranjas. El gesto sorprendió a Roxana, pero terminó por restarle importancia; además, se sintió seducida y eso le gustó. Ella, con su complejo de sobrepeso, había llegado a sentirse muy poco atractiva. Mientras Chirinos paseaba el dorso de su mano por el rostro de Roxana, mostró especial interés por Mariano, el joven por quien ella le confesó sentirse atraída. «¿Te gusta como te besa?», preguntó Chirinos en un tono cómplice –y ensayado– estimulando fantasías excitantes para ella. Por ese día, la relación entre ambos llegó hasta allí.

Después Chirinos cumplió con el protocolo; hizo pasar a la madre, Ana Teresa Quintero, y a su hermana mayor, Mariana, quienes tenían esperanzas de que el médico calmara las angustias de Roxana. Ella no quería ir: «Mamá, yo no estoy loca», se quejó inútilmente. Al final cedió ante el ruego de su madre. Ahora, Ana Teresa no puede con esa culpa. La idea de haberla llevado ante quien considera su victimario, le destroza el alma todos los días.

Ana Teresa había venido a Caracas desde Valle de la Pascua, estado Guárico, para hacer ver a Roxana con el médico. En ese pueblo llanero, al este de Venezuela, ha sobrevivido con bastante humildad. Durante años lo hizo junto a su marido; mas luego de la muerte de Roxana, un accidente cerebrovascular y la tristeza se lo llevaron de esta vida. Ana Teresa con orgullo sostiene a su familia –o lo que queda de ella– vendiendo tizana y haciendo tortas. Lo hace ahora y lo hacía cuando decidió enviar a sus hijas a la capital, para que avanzaran en sus estudios superiores; tenía la tranquilidad de que quedaban bajo el cuidado de su hermana, quien reside en la modesta parroquia San Martín, al oeste de la ciudad. Todo sacrificio valía la pena cuando veía cómo había logrado enrumbar a sus hijas por el camino de la superación social y del buen futuro. Roxana cursaba el octavo semestre de Periodismo en la Universidad Santa Rosa, y Mariana estaba a punto de graduarse de Ciencias Audiovisuales y Fotografía, en el Instituto Universitario de Tecnología.

Confiada, Ana Teresa entregó su hija a Chirinos para su diagnóstico. Ella misma había sido su paciente años atrás. Venía arrastrando una depresión después de sus dos partos, y su cuñada le recomendó acudir a quien llamó «el padre de la psiquiatría» en el país. Chirinos, en cambio, no la recordaba de manera particular. Reconstruyó una historia que muestra algunas contradicciones con la versión de la mamá de Roxana. A grandes rasgos describe en un informe, a Ana Teresa, así: «Con antecedentes pre-eclámpsicos; según historia 3605, con fecha de primera consulta julio 28/97; refirió que sufría desde hacía 6 meses de mareos, vértigos y miedo a caerse. El EEG (electroencefalograma) fue anormal, hecho en serie con Carlina y José Gregorio (asistentes); estaba bajo Premarin, y se le indicó Tegretol 400 mg diarios, Benutrex 12, y Tepazepan dos veces al día. Se hizo psicoterapia cognitivo-conductual; tiene severos rasgos impulsivos y dominantes». En general, le aplicó un tratamiento antidepresivo.

El recuerdo de Ana Teresa es más sencillo. Chirinos, además de dormirla bajo lo que definió como una cura de sueño, le recetó Tegretol de 200 mg. El medicamento, el psiquiatra, o la fe, la sacaron del hueco emocional en que se encontraba, aunque las pastillas piensa tomarlas toda la vida.

Convencida de que su hija podría arrastrar el mismo problema de depresión, sin dudarlo hizo la cita. Ana Teresa había recibido días atrás una carta muy dura de Roxana, después de que la joven se había cortado los antebrazos. Esa carta se la mostró a Chirinos en la consulta. Su situación Roxana la había contado en su blog, en el que se identifica como Roxbrujita, el 30 de septiembre de 2007, dos días antes de su primer encuentro con el psiquiatra: «Me siento sola, frustrada, triste; mi vida está llena de vacío y lo único que quiero es desaparecer. Todos me dicen que me quieren, pero siento que son solo palabras. Mi madre me vino a visitar este fin de semana. Me pidió que le prometiera que no me iba a seguir mutilando, pero no puedo cumplirle. Siento necesidad de cortarme, de ver correr la sangre en mi brazo, acordarme de lo porquería que soy. Hay muchas cosas que me atormentan demasiado. Mariano me pide que lo deje de hacer, cuando yo le pedía muchas cosas y él se negaba. ¿Cómo puede pedirme él a mí? Lo amo pero ya no estoy viva por dentro. Soy un ser ambulante que camina pero no está viva, quiero morirme de cuerpo, pero no lo logro; y no lo hago por mi madre, sólo por ella, porque sé que si atento contra mi vida ella va a sufrir, puede recaer en su enfermedad, de tal modo que prefiero seguir sufriendo, no siendo feliz; estar muerta en vida con tal de que mi mamá esté bien.»

Así que cuando Chirinos le dijo a Ana Teresa que Roxana era esquizofrénica, ella sólo preguntó qué tenía que hacer para curarla. A Mariana sí le pareció raro que un diagnóstico tan severo fuese emitido en apenas una hora de conversación con su hermana. Así, sin requerir ningún tipo de análisis. Además, mientras Chirinos hablaba, ella leía un texto montado en un cuadro de vidrio, desplegado en una de las paredes del consultorio, sobre la esquizofrenia. Y lo que allí decía no se parecía en nada a lo que observaba en su hermana, con quien compartía muchas horas al día.

El psiquiatra les expresó que hubiera querido iniciar el tratamiento enseguida, y según su criterio, Roxana debía ser hospitalizada. «Pero yo no tengo plata», fue la queja angustiada de Ana Teresa. «Lo haremos ambulatorio», respondió a regañadientes el psiquiatra. El tratamiento consistiría en curas de sueño. Tentado estuvo el médico de sedarla ese mismo día, pero Roxana contó que se había tomado una gran taza de chocolate. Lo hizo con placer, a pesar del remordimiento constante por su peso, la razón verdadera del motivo de su amargura. Los 85 kilos en 1,60 de estatura hacían desvalorizar a Roxana sus verdaderos encantos, entre otros, lo cariñosa que era.

Puntuales al día siguiente, volvieron a la cita. Era 2 de octubre de 2007. Roxana entró a la una de la tarde y salió cinco horas después. Chirinos la despachó con una orden: tráiganla mañana. Del consultorio la sacó Giovanny Antonio Polanco Alcántara, un personaje extraño que fungía desde hacía cuatro años de asistente, conserje, ayudante, hasta enfermero, y cuya característica destacable es la lealtad a su jefe. Todos sospecharon de él como el eventual cómplice, pero en las investigaciones demostró una sólida coartada. Es más, Chirinos lo llamó ese día 12 de julio, a la una de la tarde –día de la muerte de Roxana– para preguntarle si iba a estar en la clínica. Giovanny a esa hora se disponía a agarrar carretera junto a su concubina Belkys y sus tres hijos, para un pueblo llamado El Paraíso del Tuy, en los Valles, donde iban a celebrar el cumpleaños de un amigo. En ese pueblo estuvieron hasta dos días después, cuando regresaron a las 5 de la madrugada. Varios testigos lo corroboran.

Con las pacientes, Giovanny es solícito. Ese día, le dijo a Ana Teresa que Roxana quería un jugo. Se lo compró de melón. Con malestar, Roxana le pidió a su mamá detenerse en una farmacia para adquirir toallas sanitarias porque estaba sangrando. «Creo que me vino la regla», dijo.

El hecho lo relacionó Ana Teresa enseguida con lo que el día anterior, en la sala de espera, le había contado la señora Luisa: que su hija adolescente había salido sangrando por la vagina después de la cura de sueño. Ana Teresa, que, cosa de madres, había intercambiado teléfonos con la señora, decidió llamarla al día siguiente. Querían hacerse seguimiento mutuo, sin malicia alguna, para compartir no más experiencias y temores. Y a pesar de que Roxana amaneció sin sangrado, Ana Teresa llamó a Luisa a ver si a su hija le había ocurrido lo mismo. Y sí. «Entonces, deben ser los medicamentos, una reacción al tratamiento», se tranquilizaron las dos. En apariencia, porque Luisa decidió no llevar a su hija más nunca con Chirinos.

La cita de Roxana fue para nueve días después. El 11 de octubre a la una de la tarde, volvieron. Chirinos había vencido toda resistencia en Roxana; «mami, él me trata con mucho cariño», decía, aunque a Mariana le comentaba la molestia de tener la sensación de que se le olvidaban las cosas. A ella, que tan buena memoria tenía. Podía recitar literalmente páginas completas de los libros de Harry Potter.

Cuatro días más tarde, Roxana acudió a la última cita formal, como paciente de Chirinos. Roxana —así lo contó a su amiga Valentina primero que a nadie— recuerda que tenía los ojos a medio abrir, y que seguía acostada luego de haber recibido una inyección intravenosa que la sedó. «Me encandilé con una luz pequeña proveniente de una linterna con la que el doctor Chirinos me enfocó muy de cerca las pupilas».

Luego, el psiquiatra le colocó una especie de almohada verde o azul —hay cierta vaguedad con el color en su memoria— para taparle los ojos.

En su diario personal, Roxana narra el hecho así: «...puso sus dedos en mis labios, acercó su boca y me besó. Admito que cedí, pero también por nervios. Venía saliendo de una cura de sueño y estaba dopada. Cuando me di cuenta, estaba acostada sin el *brassier*, y usted dándome su miembro para que le hiciera sexo oral. Me introdujo un dedo dentro de mi vagina; creo que me iba a penetrar cuando volví».

Roxana se sintió petrificada, y con la fuerza del susto, logró hacerlo a un lado. Él, con presteza, se colocó los pantalones y comenzó a tranquilizarla. Para nada intentó obligarla. La abrazó con dulzura, al tiempo que le dijo que ese tratamiento causaba confusión en los pensamientos de la gente. Le insistió con suavidad, pero con la firmeza de que él es quien tenía el control, que no debía contarle ese incidente a nadie.

Cuando Ana Teresa vio a su hija salir, ¡la percibió tan apagada! Sólo le notó algo de entusiasmo cuando recordó que había quedado en verse con una amiga en el centro comercial Sambil en Chacao. A Roxana le encantaba recorrer los pasillos y detenerse aleatoriamente en las vitrinas. Ana Teresa apresuró el paseo. Apenas presenció el encuentro entre las amigas, las dejó con respeto que conversaran, mientras ella también se divertía contrastando la agitación de Caracas frente a la quietud de Valle de la Pascua.

Un rato después, la amiga de Roxana aprovechó que ella había ido al baño, y le dijo a Ana Teresa: «Usted no debe llevar más a Roxana donde el doctor Chirinos; ese hombre le hace daño». Cuando Roxana regresó, su amiga con severidad le pidió: «Cuéntale a tu mamá». Y Roxana habló. Detalló todo lo que le fue posible.

Ana Teresa, sintiéndose impotente y furiosa, hizo cita con una ginecóloga para que la evaluara. Sabía que hasta el momento de entrar por la puerta del consultorio de Chirinos, su hija era virgen.

Behrenis Aurora Alfonzo Lugo, ginecóloga, atendió a la joven universitaria un día después de la última terapia. La médica notó, ante el enfoque de la luz blanca, fisuras en el introito vaginal e inflamación de la vulva. Según expertos, esto es consecuencia de posibles fricciones. Ana Teresa no necesitó mayor explicación. Con la descripción médica, se convenció de que la versión de Roxana era cierta, que Chirinos le había introducido los dedos y que por eso había sangrado. La doctora no quiso profundizar más el examen presumiendo la posibilidad de que el himen hubiese sobrevivido.

A las horas, Ana Teresa agarró su muchacha, sus maletas, y regresó con ella a Valle de la Pascua. La universidad podía esperar. La salud mental y física de su hija estaba primero. El psiquiatra Pan-Dávila fue el recomendado para evaluar nuevamente a Roxana. Paisanos del pueblo coincidieron en la sugerencia. Comenzó a atenderla el 22 de octubre. Varios elementos consideró el médico, destacables para su evaluación. Uno era su peso, consecuencia a su parecer de hipotiroidismo. Lo otro era su antecedente como paciente psiquiátrica y los motivos que la habían convertido en eso: crisis depresiva con gesto suicida. Y el más reciente que agravaba el cuadro: deseos compulsivos de ver a su psiquiatra Edmundo Chirinos.

A Roxana la llevaron a esa consulta ambos padres. Su situación les angustiaba una barbaridad. Describieron su ansiedad, su depresión, su dificultad para dormir, las crisis de llanto y los gestos suicidas. Destacaron su preocupación excesiva por el sobrepeso y algunas conductas extrañas de interés obsesivo en cuanto a temas de ocultismo y libros y sitios de Internet sobre anorexia y bulimia.

Obviamente el psiquiatra también evaluó los antecedentes patológicos de Ana Teresa, descritos como «dos brotes psicóticos *post partum* con gestos suicidas en dos ocasiones».

Sin embargo, para el psiquiatra, el estado mental de Roxana no era en especial preocupante. Le pareció que lucía vigilante, con un comportamiento acorde a su edad, aunque su actitud era un tanto pasiva. Roxana evidenció tener un nivel promedio de cociente intelectual, un discurso coherente y pertinente aunque algo parco.

En síntesis, cuando Pan-Dávila conversó con el padre y la madre de Roxana, pudo explicarles sin alarma alguna que ella estaba sufriendo un trastorno afectivo bipolar, con estados elevados de ánimo y rápidos descensos del mismo. También les refirió que podía estar afectada por una bulimia nerviosa.

Roxana avanzó muy bien en Valle de la Pascua, luego de algo más de un mes de consultas y un efectivo tratamiento farmacológico. Lo que parecía un diagnóstico complicado fue menos traumático de lo esperado. Para el 18 de diciembre, el psiquiatra Pan-Dávila consideró que Roxana estaba en condiciones estables, y que se podía incorporar a su rutina, con la conseja de que continuara chequeo con algún colega de la capital. Podía la joven retomar sus actividades académicas. La navidad de Roxana junto a su familia fue para todos esperanzadora.

La doctora Audri Rauseo, en el Hospital de Clínicas Caracas en San Bernardino, tomó el testigo. Esta psiquiatra supervisó cuatro meses complicados en la vida de Roxana, quien desde el mismo momento en que su mamá se la había llevado a Valle de la Pascua había elaborado en su mente una posible relación con Edmundo Chirinos. «Roxana se enamoró», fue la interpretación romántica de la gente, después de conocer su muerte. El entorno de la víctima piensa diferente. Ana Teresa y Mariana están convencidas de que quería vengarse, que se había sentido sucia, ultrajada. Quería entonces Roxana establecer una relación que le diera elementos para hacer público el proceder de Chirinos con las pacientes, en especial las jóvenes.

«Fue por despecho por Mariano», especula una de sus amigas. Roxana escribió algo al respecto: «Va a ser mi primera vez, con una persona mayor, en un consultorio, una camilla, sin rosas, sin música romántica, sin una tensión sensual. No sé cómo debo actuar. La rabia, el odio, no me dejan tomar una decisión correcta, y puede que después me arrepienta de mis actos. ¿Cómo hago si sólo digo que es para que Mariano no sea el que más daño me haga, sino él? Y cuando pienso, me doy cuenta de que estoy pensando demasiado en el doctor Chirinos, que no es algo normal, pero tampoco es malo, sino que me gusta. Si esto lo sabe alguien, no me va a entender. Van a pensar que estoy loca o necesitada, cuando no es así, sino un pequeño capricho que según para mí, es ayuda para olvidar a Mariano».

Ese cruce de sentimientos debe haberlos depositado Roxana en la doctora Rauseo, quien compartió con ella, al igual que después con su mamá, su hermana y sus amigos, las vicisitudes de una relación que se había iniciado a su regreso a Caracas. Los encuentros sexuales fueron frecuentes con Chirinos, y siempre se consumaron en su consultorio. ¡Ana Teresa lamentaba tanto esta circunstancia! Y comenzó a impacientarse con su hija. Sin embargo, Roxana no dejaba de mantenerla informada respecto a lo que ocurría entre ellos. Ana Teresa intentaba ser comprensiva. A pesar de ser de la provincia, había educado a sus hijas para que le confiaran hasta sus pensamientos íntimos. Cuando discutían, Ana Teresa la amenazaba con dejar a su padre solo en Valle de la Pascua, y trasladarse a Caracas para vigilarla. para acompañarla, para ponerle reparo.

Por su parte, a la doctora Rauseo, quien había llegado a considerar que la relación que Roxana aseguraba tener con Chirinos podía tener una fuerte carga de la imaginación de su paciente, un hecho la hizo dudar: Chirinos la llamó y la interrogó sobre Roxana. Eso, planteado de tal manera, nunca sucede entre psiquiatras. Para ella, el médico había manifestado un interés excesivamente personal. Y si bien esto la alertó, nada pudo hacer al respecto. A Chirinos le preocupaban las visitas de Roxana con la doctora Rauseo porque sabía que le había confiado lo sucedido entre ellos. Necesitaba romper la relación de Roxana con esa psiquiatra y lo logró. En un nuevo encuentro, él le comentó que había conversado con la doctora –y quién sabe cuánto sazonó el contenido de lo hablado– porque Roxana decidió no volver más a la consulta, argumentando que Audrei Rauseo la había traicionado. Nada más lejos de la verdad. La doctora Rauseo lo lamentó. La joven había comenzado a superar su depresión, a pesar de esa complicada relación con Chirinos. Ya no necesitaba de fármacos antidepresivos, se mostraba optimista, un poco más segura de sí, y con la ilusión de que

Mariano, joven que estudiaba con su hermana mayor, algún día se fijara en ella con ojos distintos a los que se destinan a una amiga.

—Mari ¿por qué no me acompañas? –le pidió zalamera Roxana a su hermana– Anda, acompáñame más tarde al centro comercial.

Era media mañana del sábado, 12 de julio de 2008. El último día de la vida de Roxana.

Mariana estaba acostumbrada a los gestos cariñosos de su hermana. Desde que conoció de su muerte, no dejó de lamentarse de tantas ocasiones en las que ella, huraña, se sacudía de la madeja en que se convertían los brazos de Roxana a su alrededor. Las carantoñas no fueron suficientes para convencerla. Había amanecido con dolor de espalda por haberse quedado jugando boxeo en Wii hasta tarde, y sentía lo que desde pequeña en Valle de la Pascua le habían enseñado era «el efecto del sereno». Así que, con firmeza, se negó a la aventura tantas veces vivida con ella, de recorrer el Centro Sambil.

Las hermanas se llevaban realmente bien. Compartían el mismo grupo; mejor dicho, los amigos de Mariana eran los de Roxana, y su sueño de amor, Mariano, estudiaba con su hermana mayor en el Iutirla. Los secretos eran un código seguro entre ellas, aunque en realidad era poco lo que Roxana se guardaba. En los últimos cinco meses a Mariana la tenía preocupada la relación que su hermana había establecido con su psiquiatra Edmundo Chirinos. No comprendía cómo podía estar con alguien que, «uff, tiene más de 60».

La preocupación de Mariana era compartida por todos los del grupo. Cada uno por obra del azar, de investigaciones a través de Internet y de adultos conocedores del personaje, había ido elaborando un perfil que no dejaba muy bien plantado a Chirinos. Por ejemplo Jorge, quien trabajaba en una farmacia en La Florida, a la que el psiquiatra solía acudir para comprar el estimulante sexual Cialis y revistas pornográficas. Sus compañeros de trabajo ya le habían referido que, tiempo atrás, Chirinos solía llevar para su revelado rollos de fotografías de mujeres posando desnudas o bastantes ligeras de ropa, y de otras igual de desvestidas, pero completamente dormidas. Las gráficas, a las cuales los empleados de la farmacia hacían seguimiento con explicable curiosidad, eran tomadas en su mayoría en lo que parecía un consultorio. El del psiquiatra estaba en la misma urbanización de la farmacia. Para Jorge, Chirinos era un aberrado sexual, y así se lo hizo saber a su amiga.

A Mariana le preocupaba lo que sabía de Chirinos, y al igual que el resto de sus amigos, le sobrecogía un tanto la serie de historias que iba conociendo del personaje. Estaba convencida, eso sí, de que su hermana no se había enamorado de su psiquiatra. Enamorada tal vez había estado hace muchos años en el Colegio Nazareth en Valle de la Pascua, de un compañerito a quien Roxana persiguió tanto, tanto, que años después cuando ella en acción de broma lo llamó, y él apenas le reconoció la voz, manifestó el recuerdo de su persecución y persistencia antes de siquiera responder el saludo.

Después fue Mariano, su compañero de estudios. Roxana, y así lo habían entendido con condescendencia los miembros del grupo, se había enamorado sola. Y todos habían optado por continuar una relación de compañerismo, a pesar de los sufrimientos que Roxana se infligía ante lo que consideraba la indiferencia del muchacho. «Él nunca la quiso a ella como mujer, pero siempre le expresó un gran afecto como amigo», precisa Mariana.

Con la negativa de su hermana a acompañarla, Roxana reelaboró su día. Su último día. En la primera cita iba a encontrarse con Mariano, su amor platónico, y en la noche vería a Irma, una de sus mejores amigas y compañera de estudios, quien iba a dormir en su casa. El tercer encuentro previsto para el final de la tarde era con el psiquiatra Chirinos, aunque no estaba muy segura de si acudiría a verlo. Le molestaba su debilidad frente a él. Tantas otras veces se había jurado que más nunca iría a esos encuentros netamente sexuales, y tantas otras había terminado montada en un transporte público, camino al consultorio en La Florida.

«Usted empezó a gustarme mucho como hombre y quería que por lo menos usted me quisiera un poco, se preocupara por mí y no perdiera su poca paciencia conmigo, porque siendo psiquiatra, no entiendo cómo se molesta tan rápido. Al principio me decía que me iba a llevar a su casa para hacer el amor, colocar música, y bla, bla, y como esto muchas cosas más que dijo, y no cumplió», escribió Roxana un día.

«Usted ha sido el único hombre con quien he tenido sexo y le agarré un cariño muy grande. Discúlpeme por todos los malos ratos. Aunque usted desconfía mucho de mí y busca maneras de alejarme. ¿Podemos arreglar esta relación clandestina? No sólo soy yo la del problema porque cuando me pongo insoportable, usted pierde la paciencia», confesó en otro texto.

Y más adelante redactó Roxana en su cuaderno: «Fue una manera grosera de no contestarme. "No te voy a poder ver esta semana". No es que me voy a cortar las venas y mucho menos buscar otra manera de suicidarme. Para nada. Pero me quedé pensando que usted no tenía respeto por mí, aunque sea un mínimo. Es decir, se pasó bien las veces que lo hicimos. Fue divertido, pero el feminismo que tenemos hace que uno quiera algo más bonito y romántico. Yo no necesitaba tener relaciones para sentirme bien con usted».

Y otro día: «No buscaba una relación estable. Quería encontrar cariño».

Mientras se debatía en esos pensamientos, se comunicó con Mariano. Él, la había llevado casi a la resignación de una relación fraternal. La verdad es que estar cerca de ellos significaba ser testigos del cariño entre un par de buenos amigos. Hicieron cita para primera hora de la tarde.

Antes de salir de casa, Roxana seleccionó su vestuario, pensando que iría al encuentro con su amante. Le había costado asumir que un hombre podía verla desnuda. Era muy pudorosa. Su mamá y su hermana le preguntaban desde pequeña, ¿y cómo vas a hacer cuando te cases? Porque no se mostraba sin ropa ni siquiera frente a ellas. Por eso Mariana no entendió cuando su hermana le dijo que Chirinos le había tomado fotos desnuda. «¿Sin ropa, hermana?», sólo atinó a exclamar, frente a la confesión. «Él me pidió que no se lo contara a nadie», agregó Roxana. A ella, que poco le gustaba guardar secretos, lo de las fotos también se lo contó a su madre. Fue una de las primeras cosas que Ana Teresa insistió en decirle a la policía que debían buscar, para incorporarlo al expediente. Y en efecto, en el allanamiento realizado en la residencia de Chirinos fueron decomisadas por el organismo policial CICPC 1.200 fotos y cuatro videos de mujeres desnudas o a medio vestir, posando gráciles, inocentes y sonrientes, o completamente dormidas, indefensas, sin ropa también. Las fotos de Roxana encontradas fueron tres. Se hallaron en una carpeta que contenía parte de su historial médico, así como correspondencia personal entre ellos.

Desde la relación con Chirinos, Roxana había cambiado. Y como toda mujer ante la proximidad del encuentro íntimo, se sintió vulnerable y coqueta. Se vistió con cuidado. Tomó la pantaleta blanca con lindas figuras de flores verdes, y en ese tipo de pensamiento femenino debe haberla combinado con la blusa blanca con estampas de flores rosadas que escogió. El sostén negro hacía juego con la falda negra. Cuidando los detalles, se colocó unos zarcillos que le encantaban. Su hermana Mariana los reconoció después y fueron recopilados como evidencia. Los zarcillos podrían haber pasado desapercibidos para cualquiera, de no haberse encontrado uno de ellos en el consultorio de Edmundo Chirinos. El otro quedó en su oreja izquierda, igualito, plateado de forma triangular, aproximadamente de un centímetro de longitud, sujetado con un ganchito del mismo material, parecido a la plata.

Un gesto de Roxana antes de salir de su casa ese último día fue interpretado por Ana Teresa como una premonición. Dejó colocado sobre el tablero de su computadora un cuaderno, marca Norma, con portada de cartulina, con la figura de una mariposa de colores azul y morado. El corazón de madre de Ana Teresa le asegura que ese movimiento simbólico, expresivo que hizo su hija era porque presentía que iba a morir. De otra manera no hubiese dejado a la vista su único secreto. Un diario manuscrito, algunas veces con lápiz de grafito, otras con tinta azul y negra, sobre el cual volcó con la honestidad desgarradora de lo oculto sus sentimientos sobre todo su entorno, incluido Chirinos. Nadie conocía de ese diario. Ni Mariana que vivía con ella, ni su madre, ni sus amigos. A todos les sorprendió encontrarlo allí, en su cuarto, cuando comenzó su búsqueda porque por primera vez no había llegado a casa. El diario colocado allí era como un último mensaje, como una carta de despedida, como la confesión de un moribundo que había sido testigo de un hecho delictivo y conocía la identidad del culpable.

Entonces, cuando Ana Teresa llegó de un viaje que se le hizo eterno desde Valle de la Pascua hasta Caracas, en busca de su hija desaparecida, y entró al cuarto y vio el diario, lo abrazó con fuerza y ternura, como si a través de su solo contacto Roxana le fuese a hablar. Recordó una llamada telefónica en la que su hija le preguntó como compartiendo una travesura, «¿sabes qué acabo de descubrir?». Y sin parar le contó: «El otro día, mientras en pantalla (el consultorio de Chirinos tiene circuito cerrado de televisión) veía en la sala de espera a un papá que aguardaba por su hija, Chirinos me llamó y me dijo, "Roxana ven para que veas esto", y él, a la muchacha que adentro estaba acostada dormida en una camilla, le quitó la camisa, el sostén, la falda, la pantaleta, y cuando estaba completamente desnuda la empezó a manosear por todos lados». Ana Teresa se sobrecoge cuando insiste, «yo le dije a mi hija, si ya tú sabes todo eso, ese hombre te puede matar». Y la respuesta de Roxana le ratifica la premonición: «Mamá, si me mata, yo no lo voy a dejar tranquilo, no podrá vivir en paz».

Con el diario en sus manos, Ana Teresa procuraba confirmar lo que ya su corazón gritaba: el nombre del sospechoso, del responsable de que su hija no hubiese regresado a casa. Sólo rogaba que siguiera con vida.

El encuentro de Roxana con Mariano fue primero en Chacao, en el local donde el joven a veces ayudaba a su abuelo. Ahí llegó a las 2:05 de la tarde. Pasaron con gusto el rato juntos, porque mientras Mariano trabajaba también la ayudaba con un libreto que tenía que realizar como tarea para la universidad. Mariano solía ser limpio redactando, y para Roxana eso era una buena excusa para verlo. Entre conversación y chanza, les dio hambre y se comieron unos perros calientes. A las 6 y media cerraron el local y se fueron al Sambil. A esa hora Ana Teresa la llamó. La conversación dejó angustiada a la madre. «Me voy a ver con el doctor Chirinos», le dijo. «¿Y tú vas a seguir viendo a ese viejo asqueroso?», reaccionó Ana Teresa. Pero Roxana insistió, «lo voy a ver, y me pidió que no le dijera nada a nadie».

En Sambil, Roxana y Mariano caminaron un rato, y llegaron a corretear como adolescentes. Los videos de seguridad del centro comercial lo demuestran. Disfrutaron las vidrieras, olfatearon en los tarantines y no compraron nada. El placer de la irresponsabilidad comenzó a ser interrumpido por el repicar del teléfono de Roxana. Mariano sabía que no eran mensajes de texto, por lo tanto no era alguien del grupo, puesto que ése era el sistema de comunicación entre ellos para ahorrarse el costo de las llamadas. Él sabía, tanto como la hermana, la mamá y su grupo de amigos, de la relación que Roxana mantenía con el psiquiatra Edmundo Chirinos. Había llegado a discutir con ella –igual que los demás– sobre la inconveniencia de esa relación. Mariano sospechó de inmediato que era él quien la llamaba, aunque hizo un esfuerzo para no mostrarse enterado.

Chirinos llamó a Roxana once minutos después de la

conversación con Ana Teresa. La suspicacia de Mariano aumentó. Vio por primera vez que Roxana se hacía a un lado misteriosa, como si dando la espalda escondiera su culpa. Esa primera llamada duró muy poco, según registros de la empresa Movilnet, desde el número telefónico 04166215686, a nombre de Edmundo Chirinos. Era la segunda llamada de ese día, desde ese celular, al móvil de Roxana Vargas. La primera había sido a la 1:07 am. En esta ocasión hablaron 48 segundos. Chirinos se encontraba en el Country Club en un evento social con algunos de sus colegas universitarios, en su mayoría compañeros de promoción. Eran las 6:41 de la tarde. Tan sólo tres minutos después, el psiquiatra llamó a Roxana nuevamente. Esta vez conversaron minuto y medio.

Así que Mariano no se sorprendió cuando Roxana le dijo que se tenía que ir. Como pana, sin preguntar, la acompañó hasta la avenida Francisco de Miranda para que tomara un carrito por puesto que la dejaría en Plaza Venezuela. Recuerda que el vehículo de transporte público indentificaba su ruta con un cartelón de fondo blanco y letras verdes. Roxana le dijo que iba a encontrarse con Irma, pero él presentía que iba a quedarse en la parada más cercana del consultorio del psiquiatra en La Florida. Eran cerca de las 7 de la noche. Fue la última vez que Mariano la vio con vida.

A Irma, su amiga, Roxana también le había adelantado algo a través de un mensaje de texto: «Voy a verme tú sabes con quién». Irma, como en otras oportunidades, iba a quedarse a dormir esa noche en casa de Roxana. Le había prometido cortarle las uñas a su conejo. La cita inicial entre ellas era en el centro comercial Concresa en Prados del Este. Para confirmar el encuentro, Irma la llamó de nuevo. Eran las 7:40 de la noche. Roxana estaba parca y llorosa. Para ese momento ya debía estar junto a Chirinos. La evidencia permite concluir eso, porque media hora antes, a las 7:13 minutos de la noche, el psiquiatra vuelve a llamar a Roxana, y tanto el rastreo del celular de ella como la de él los ubica en la celda de San Rafael de La Florida, donde está la clínica

Clineuci. La conversación fue brevísima, 14 segundos, así como para preguntar «¿dónde estás?», y recibir como respuesta «estoy llegando».

Una vez que Roxana se montó en el carrito por puesto, Mariano siguió hacia su casa en La California, al este de la ciudad. Algo lo había dejado inquieto. Por eso a las 10 de la noche intentó comunicarse con ella. Le salió de inmediato la contestadora del celular, como cuando el teléfono está apagado. Según los cálculos de los investigadores forenses, a esa hora ya Roxana estaba muerta.

Irma también se había quedado preocupada. Por su cabeza se repetían conversaciones con su amiga, sobre Chirinos. A Irma le molestaba su obsesión por él, y los sentimientos encontrados que ese personaje le generaba. En las semanas anteriores, Roxana lo había amenazado con hacer pública la relación que ellos habían mantenido, e iba más allá. Roxana aseguraba conocer a otras pacientes muy jóvenes que habían sido abusadas sexualmente por él mientras se encontraban sedadas, al igual que le había sucedido a ella. Las amenazas de la joven impacientaban e irritaban al psiquiatra, según Roxana le había confesado a su amiga. La situación se volvió más tensa cuando Roxana le anunció a Chirinos que ella, junto a sus compañeros de estudio, preparaban un video que grabaría testimonios de víctimas del psiquiatra, y que Roxana misma contaría su experiencia de haber sido abusada por el médico. El video sería presentado en las aulas universitarias. Para colmo, el destino colocó un hecho que debe haberle resultado muy peligroso a Chirinos. Roxana había obtenido una pasantía en Radio Caracas Televisión, RCTV, para el programa Quién Quiere Ser Millonario.

Decir RCTV o el nombre de uno de sus propietarios, Marcel Granier, era para Chirinos como si le citaran el demonio. Estaba convencido de que Granier era su enemigo acérrimo y así lo había repetido durante los últimos 24 años. La idea tiene fundamento desde la época en la que Chirinos era rector de la Universidad Central de Venezuela y sucedió lo que fue bautizado como «la masacre de Tazón», hecho en el que 35 estudiantes de Agronomía y Veterinaria, del núcleo en Maracay de esa universidad, resultaron heridos, víctimas de disparos realizados por efectivos de la Guardia Nacional, que a la altura de Hoyo de la Puerta accionaron armas de fuego contra los autobuses que trasladaban a los jóvenes a Caracas.

La historia conmovió de inmediato al país. Era un miércoles 19 de septiembre de 1984. Los estudiantes venían a la Plaza del Rectorado como protesta por el mal estado y servicio del comedor, y el rector, al enterarse, llamó al Ministro del Interior, Octavio Lepage, para solicitarle que impidiera el paso a los estudiantes, a como diera lugar. El «solícito» ministro mandó fuerzas militares a tal acción. La comunidad universitaria y la opinión pública repudiaron el hecho, y con ello, al rector.

El sangriento suceso, junto a unas opiniones del rector publicadas tres días antes, saturaron los sentimientos universitarios anti-Chirinos. El rector había declarado a la periodista Elizabeth Fuentes, de la publicación *Feriado* de *El Nacional*: «La generación del 80 es una generación boba, sin rumbo. Y la educación televisiva va a terminar de embobarlos. Disminución de conceptos, pobreza de lenguaje, son seres como vegetales».

Las protestas en los distintos centros de estudios superiores venezolanos fueron el plato del día. Una famosa asamblea se realizó en el Aula Magna convocada por la Federación de Centros Universitarios. En el debate se iba a considerar solicitarle al rector su renuncia. El auditorio estaba abarrotado de gente y Chirinos, audaz, se presentó y pidió ser escuchado. Tras la pita inicial, el psiquiatra hizo gala de sus dotes expresivos. En medio de un silencio conmovedor, el rector admitió haberse equivocado y trató de convencer a los estudiantes de su buena fe. De pronto, un grito desgarrador se expresó desde la audiencia, pidiéndole a todos que no se dejaran manipular. Otra voz instó a ir contra Chirinos para cobrarle la masacre, y cuando una decena de estudiantes se aproximaba con furia a la tarima, el rector corrió con la protección de algunos amigos y salió por la puerta trasera de la sala. Personal de seguridad lo sacó de la universidad y Chirinos tuvo que separarse del cargo durante unos cuantos meses.

Estando en ese brete, Granier, que tenía el programa de opinión estelar «Primer Plano», lo invitó a que asistiera. «La masacre de Tazón» había llegado a dividir opiniones, entre sectores identificados con la izquierda y con la derecha. Para Chirinos la izquierda era él, y se había convertido en un personaje que además de hacer mucho dinero como psiquiatra, había logrado rodearse de cierta intelectualidad y de políticos de vanguardia. Varios eran sus pacientes. Además, había sabido venderse como *dandy* y Don Juan.

El debate en televisión generó gran expectativa. Los asesores de Chirinos de la época —casi todos estudiantes, por cierto— de manera inteligente sugirieron al rector que le exigiera a Granier realizar el programa en vivo. «Primer Plano» siempre era grabado previamente. Salir en vivo le anulaba a Granier la oportunidad de enmendar errores o baches que ocurriesen durante la realización del mismo. Granier aceptó la condición, y para muchos, Chirinos salió bien parado. Desde entonces, el psiquiatra quedó convencido de que el jefe de RCTV era su enemigo personal, y temía que Granier quisiera vengar aquella afrenta.

Por eso el ingreso de Roxana a ese canal de televisión preocupó mucho a Chirinos. Pero había más. Roxana escribió un texto que hizo rodar vía Internet en el que solicitaba a madres de jóvenes con problemas emocionales que evitaran enviarlas donde Chirinos. Algunos de los detalles que suministraba la nota hubieran alarmado a cualquiera que recibiera esa información.

Esto escribió y luego imprimió Roxana junto a una foto de Chirinos:

«El muy conocido doctor Edmundo Chirinos, psiquiatra que ha ayudado al Presidente de la República, es un médico muy bueno, con muchos conocimientos sobre su carrera, pero del modo que le dedica el amor a su carrera con sus pacientes, también lo dedica en tener relaciones sexuales con sus pacientes en su propio consultorio.

»No sólo eso, sino también se aprovecha de hacer las curas de sueño, y en el momento que éstas se encuentran sedadas las manosea, las soborna con tener dinero y tener sexo.

»Se le ha visto comprar muchísimas cajas de Cialis, en Farmatodo de La Florida, con revistas pornográficas. Es difícil creer esto sobre un honorable psiquiatra, pero jamás se conoce bien a los médicos.

»Señores padres y madres, con toda la honestidad les recomiendo que no lleven nunca a sus hijos a ese doctor, y si sus hijos se ven con él, lo más rápido que puedan, no los lleven más. No vaya a aprovecharse de su hija. Se dice por el bien de todos. Y terminar con este tipo de personas que por no tener un hogar o familia, prefiera satisfacer sus deseos sexuales con sus pacientes.

»Si no conoce a este doctor, por favor pase este correo para que otros estén al tanto de cómo la medicina de este país se ha vuelto tan ineficiente, principalmente por la poca ética que tienen los médicos.

»A pesar de su gran avanzada edad le gusta tomar Cialis y tener sexo con sus pacientes.

»TENGAN MUCHO CUIDADO CON SUS HIJOS. SE PUEDE APROVECHAR HASTA EN LAS CURAS DE SUEÑO. YA HAN PASADO VARIOS CASOS QUE POR TEMOR NO SON PUBLICADOS LOS NOMBRES.»

Roxana, que conocía la poca destreza de Chirinos en el uso de la computadora, y su nula rutina de navegar por Internet —y ella quería que él supiera lo que había escrito—, se encargó de hacerle llegar la nota en un sobre que hizo colar junto a una amiga, debajo de la puerta de la entrada del lado privado de su consultorio.

En ese texto, Roxana, además de los acusaciones de abuso sexual, menciona el soborno, porque según le contó a Ana Teresa, Chirinos había llegado a ofrecerle dinero, al principio, como una especie de pago por favores sexuales, y luego a cambio de su distancia y consecuente silencio.

También el 17 de mayo, poco menos de dos meses antes de morir, Roxana había chateado con su amiga Raiza sobre el tema. «Estoy creando la nota que voy a enviar a Chirinos... a los profes que tengo, a un amigo actor, y bueno a mis contactos... quiero que la gente sepa qué clase de doctor es, y que no acuda a sus consultas, y que este correo se corra, ¿tú sabes colocar en Internet noticias? Bueno, él me hizo daño. Le envié al profe Alejandro, hermano de Adolfo, a Joan, hijo de Javier. Pide el correo del profe César Torres».

Ya en su blog, Roxana había comenzado a hablar de su relación con él y de sus conflictos. Y en comunicaciones con sus amigas y en su diario, contó algunas cosas. El 8 de abril: «Ayer Chirinos me dijo que no lo iba a volver a ver». Y cinco días después: «Le escribí una carta a Chirinos diciéndole un pocotón de cosas. Chirinos me llamó a cada rato para hablar y me citó para el viernes... No pude resistirme, comenzó a acariciar mi mano y me dijo que entre nosotros hay química. Comenzamos a besarnos y caí de nuevo. Hasta le dije que tenía el período y no le paró. Sentí –como dice Caramelos de Cianuro– que era nuestro último polvo. Ahorita acabo de hablar con él. Eso fue el viernes y me dijo para vernos mañana. Le dije que sí».

Irma estaba al tanto de todas esas comunicaciones. Nerviosa, a las ocho y media de la noche llamó a Roxana. El celular repicó sin que nadie lo atendiera. Decidió movilizarse con un mal presentimiento. Desde el centro comercial Concresa –lugar al sureste de Caracas en el que habían acordado el encuentro– tomó un carrito hasta Chacaíto donde por lo céntrico del lugar, solían agruparse todos los amigos. Pensó también que el sitio era mucho más accesible para quien venía de La Florida, es decir del consultorio de Chirinos. Irma sabía que iba a verlo, porque Roxana le había enviado un mensaje de texto. Ella volvió a marcar el número telefónico de su amiga, y nada. Le escribió varias veces, y silencio. Finalmente, a las diez y media, se fue a su casa. Intentó dormir inútilmente. A las tres de la madrugada, cuando Mariana la llamó para preguntarle por su hermana con la esperanza de que estuviesen juntas, pensó lo peor. «A Roxana le pasó algo, y Chirinos tiene que ver con eso».

Claro, la esperanza de los afectos llevaba a desear que el asunto se hubiese convertido en juerga, y que Chirinos, como tantas veces se lo había prometido a Roxana, la hubiese llevado a su casa. En la imaginación de Irma, Roxana se había relajado y había hecho lo que nunca en su vida, no regresar a dormir. Fantasías de dolor. Ella sabía que Roxana ni siquiera llegaba tarde a su casa. No volver en la noche, era impensable.

Asustada, Mariana corrió a buscar a su hermana en su cuarto. No la había visto antes de ella quedarse dormida. Cuando no la encontró, entendió que algo malo podía haber pasado. Con seguridad, después de conversar con Irma, levantó el teléfono y llamó a su mamá en Valle de la Pascua. A las dos les temblaba la voz. El resto de la familia que vivía en Caracas activó la búsqueda de inmediato.

Ana Teresa sacó de su cartera una tarjeta que él le había entregado con parsimonia cuando había llevado a su hija a consulta. Como una cosa íntima le dijo: «Anota mi celular personal». También allí, impreso, estaba el número de su casa. Así que los teléfonos necesarios para acceder a Chirinos, ella los tenía. Primero llamó a su celular. El pito del teléfono le retumbaba en su cerebro. Repicó muchas veces sin que alguien atendiera. Volvió a marcar el móvil y entonces le salió ocupado. «¡Ah, está despierto!», concluyó. Totalmente en alerta llamó de nuevo, pero esta vez a la casa. La presión de cada tecla se le hizo una eternidad… y salió el mensaje grabado del psiquiatra: «Le habla el doctor Edmundo Chirinos…». Y habló Ana Teresa: «Soy la mamá de Roxana y sé que mi hija está con usted». Ese mensaje Chirinos lo mantuvo en su grabadora telefónica. Lo mostraba como obra de exposición. Algunos de quienes lo escucharon describen de manera dramática la voz de la mamá de Roxana, casi agónica, suplicante, desesperada, ansiosa de que Chirinos le atendiera para decirle que su hija estaba con él, que sí, que él se acostaba con ella, pero que estaba viva. Había también agresividad en su voz, la firmeza de una madre dispuesta a todo por defender a su hija. El psiquiatra hizo escuchar a algunos visitantes ese audio, para hacer ver, según él, que no sólo Roxana, sino que la mamá también estaba loca. Algunos testigos oyeron la grabación impactados. Apenas habían transcurrido unas horas del hallazgo del cadáver de Roxana en un basurero. Chirinos decía frente a eso, «¡qué rápido la encontraron!, ¿no? ¡Qué raro, en este país donde matan tanta gente!».

Todavía repite esa frase.

El psiquiatra respondió a los pocos minutos la llamada de Ana Teresa. «Solamente quiero que me diga que ella está bien porque sé que está con usted», abordó sin cortapisas la madre desesperada. Chirinos se tomó su tiempo. «No sé dónde está, tengo meses sin verla». Calmado, tratando de ejercer el control de la situación, tenía una inmensa ventaja sobre Ana Teresa, no sólo porque ella había sido su paciente, sino porque él como psiquiatra tenía la experiencia de tratar a un ser humano en una situación límite.

Ana Teresa sin embargo, tenía la fuerza del terror de madre, suficiente para apabullarlo. Le habló con la energía de una leona a quien le están arrebatando su criatura. Recordó tantas horas de Roxana explicándole los detalles de la relación que sostenía con el psiquiatra. Chirinos no se lo creía, cuando Roxana le comentaba sobre esas conversaciones. Le costaba entender tanta confianza y comprensión, entre madre e hija. Por eso no dejó de sorprenderle la seguridad con la que Ana Teresa le habló. «Ella me ha contado todo lo que sucede entre ustedes».

A Chirinos se le dificulta narrar esta circunstancia. En sus argumentos de defensa, dice que él escuchó el repicar del teléfono fuera de su cuarto, cuando en realidad el aparato que graba los mensajes está al lado de su cama. Es decir, que mientras Ana Teresa habló, de ser cierto que él estaba durmiendo, la voz de la mamá de Roxana debe haber sido un estallido al lado de su cabeza.

Chirinos al principio se mostró impasible. Algunos que dicen conocer al psiquiatra aseguran que es muy difícil verlo alterado. Eso es falso. El psiquiatra no sólo se molesta con relativa facilidad –al parecer esa reacción se agudizó con los años– sino que también su ira suele ser muy intimidante.

Ana Teresa no hacía más que repetir a Chirinos su mensaje de angustia. «Yo sé lo que usted le ha hecho; dígame que está bien y que está con usted». El médico comenzó a perder la paciencia. Le dijo que Roxana estaba esquizofrénica. Atropellado, cada vez que ella le decía «yo sé todo lo que sucede entre ustedes», él la interrumpía preguntándole, «¿usted tiene pruebas?; ¿usted tiene pruebas?, ¿usted tiene pruebas?».

Pasados los meses Ana Teresa se lamenta de que en su estado de desesperación haya podido suministrarle a Chirinos alguna información que sus abogados defensores pudieran manipular. «Menos mal que no sabía lo del diario porque se lo hubiera soltado, y ésa es una gran prueba», asegura.

Para los seres queridos de Roxana, no hubo amanecer. La oscuridad del dolor movió sus siguientes pasos. Ana Teresa tenía la esperanza de encontrar a su hija deambulando por algún callejón de Caracas, víctima de fármacos suministrados por Chirinos, pero viva. A pie y en carro, recorría con tenacidad las calles de Caracas. En cada rostro posible escudriñaba a ver si uno de ellos era el de su hija. Primero comenzó en los alrededores de la clínica del médico, y luego el rastreo se extendió.

La búsqueda se volvió frenética. Prefecturas, hospitales, clínicas, la morgue; ese recorrido que va descuartizando el alma. La incertidumbre es tan desgarradora que hay un momento en que lo único que te sostiene es el deseo de que aparezca, aunque esté muerta.

Irma, al igual que Ana Teresa, no dudó un segundo en pensar que Roxana estaba con Chirinos. Sabía que se habían visto el lunes anterior, 7 de julio, que ese día habían tenido relaciones sexuales, y que como era tarde, él la había mandado en un taxi. Ese día quedaron registradas en el celular de Roxana tres llamadas del psiquiatra. Y tres días previos, el 4 de julio, hubo tres llamadas más, una de ellas de 13 minutos. Tal vez riñeron.

Roxana le había comentado a Irma que ellos estaban discutiendo mucho. Que a él ya no le agradaba que ella le escribiera, y que él tenía el cuidado de pasarle un mensaje de texto antes de llamarla para que ella atendiera con prontitud. También le dijo Roxana que Chirinos en una discusión la amenazó con que conocía mucha gente que podía hacerle daño cuando quisiera, aunque después le aseguró que era incapaz de hacerle mal a alguien.

Irma se lamentó de la mala suerte de su amiga. Apenas una semana antes, había sido atracada en el centro de Caracas, a la salida del Metro. Se trataba de uno de esos carteristas que le arrebató su bolso con su celular. Roxana enfurecida se fajó con el atacante y logró recuperar sus pertenencias. El ladrón, en venganza, dos días después intentó hacerle lo mismo.

Irma pensó que la calamidad se había posado sobre su amiga. Arrancando el domingo 13 de julio, puso en ejecución un plan. Llamó a su novio Matías, que también conocía toda la historia, y acordaron encontrarse en Chacaíto. Luego, juntos, se encerraron en la cabina de un teléfono público y llamaron al psiquiatra. Habló Matías. Le preguntó si había visto a Roxana. Chirinos dijo que no. «Ella siempre me llamaba, insistía, me perseguía, pero no nos vimos más». Enseguida, el médico solicitó al joven que se identificara, e intentó entablar conversación. Matías inventó otro nombre distinto al suyo. Lo confiesa, Chirinos le parece un hombre peligroso.

Irma y Matías se fueron a otro centro de comunicaciones. Ahora habló Irma, que tomó la precaución de colocar un pañuelo a la bocina del teléfono. Temía que Chirinos identificara su voz. Ella había llegado a acompañar a Roxana a alguno de sus encuentros. Le preguntó si la había visto el día anterior. Él lo negó y le pidió que se identificara. «Soy Yaisleis», respondió ella. Y Chirinos le dijo: «Hace tres meses no veo a Roxana».

Irma y Matías ya no sabían qué hacer. Estaban seguros de que Chirinos les había mentido al negar haber visto a Roxana, y no encontraban la manera de que él diera pistas respecto al destino de ella.

A los familiares de Roxana les sucedía igual. Con Ana Teresa a la cabeza, todos estaban convencidos de la necesidad de interrogar a Chirinos porque era el único que podía conocer el paradero de su hija.

Por su parte, los organismos de seguridad lanzaron el caso por un curso rutinario, que resultó en no hacer nada. Tratándose de una estudiante de 19 años, desaparecida un sábado, dieron por descontado que había sido una escapada amorosa. En Caracas, donde el promedio de asesinatos durante el fin de semana supera la cifra de 40, la idea de uno más no quitaba el sueño a los funcionarios. Y Roxana Vargas Quintero, para el Centro de Investigaciones Penales y Criminalísticas, estaba desaparecida, no muerta. Para que el organismo de seguridad le prestara atención, debía transcurrir más tiempo. Roxana no era rica, ni famosa. Nada hacía su búsqueda urgente. Nadie recomendó un esfuerzo especial.

Entonces, fue la misma Roxana la que habló. A las casi 36 horas de su desaparición, su cuerpo fue encontrado –tal vez muy pronto para su victimario– en un botadero de basura.

CAPÍTULO II

Los lunes siempre eran del desagrado de Cigilfredo Moreno. Y el comienzo de la semana que arrancó el 14 de julio de 2008, se asomó como una pesadilla apenas se incorporó a su turno como vigilante en el Centro de Adiestramiento de Viasa, todavía llamado así mientras se resolvía un litigio con el Estado. Los perros no dejaban de ladrar. Acostumbrados a hurgar por comida y a espantar a extraños, ellos eran los verdaderos dueños de ese espacio. A veces parecía que los empleados de seguridad cumplían su turno para cuidarlos a ellos. Eran las nueve de la mañana y Cigilfredo se apertrechaba para sus labores cuando cedió ante los ladridos. A fin de cuentas, eran muchas las historias del lugar que confirmaban que ese sector solitario de la carretera Petare-Guarenas se había convertido en territorio para la consumación de fechorías. Contaban quienes de eso sabían que asesinos lanzaban ahí a sus víctimas y policías ejecutaban a sospechosos de diversos crímenes. El resultado llevaba a que uno o dos cuerpos, completos o mutilados, eran hallados cada mes en ese terreno que fungía de depósito de restos humanos y escombros.

Cigilfredo caminó tras el ladrido de los perros que lo iban guiando por la vía pública. De pronto tuvo que detenerse en un corto barranco que venía siendo utilizado para botar basura de todo tenor. También lo fue para lanzar el cuerpo de una mujer.

Abrir y cerrar los ojos no alteró la visión de Cigilfredo. Las piernas le temblaban mientras trataba de tranquilizar a los perros cuyos ladridos aumentaban su tormento. Casi corriendo cruzó de nuevo la vía pública para regresar al centro de adiestramiento. Tuvo que tomar aire. A eso de estar encontrando muertos no debía acostumbrarse nadie. Mientras contaba el hallazgo a su compañero de trabajo Hilario, marcó el 171, teléfono de emergencias. La transcripción de novedad en el Centro de Investigaciones Penales y Criminalísticas la realizó Aída Castillo, quien atendió en la sala de transmisiones. La información era escueta, pero suficiente para movilizar a funcionarios de la División de Homicidios del organismo policial. La llamada reportó que en la autopista Petare-Guarenas, a la altura del centro de adiestramiento de Viasa, Parque Caiza, vía pública, se había encontrado el cuerpo sin vida de una persona en estado de putrefacción.

El inspector Daniel y los detectives Ovidio y Johnny acudieron al lugar pasado el mediodía, sorteando el tránsito matutino que no es para despreciar. También acudieron los funcionarios de Medicina Forense. Los ojos de los policías registraron el cuerpo de Roxana. El fotógrafo del CICPC inició su trabajo, sin problemas. Había suficiente luz para eso. Roxana yacía en el asfalto, sobresaliendo entre escombros de cerámica blanca partida (parecían ser los restos de una poceta), piedras, troncos y bolsas con basura. Se encontraba en posición de cúbito dorsal –boca arriba– y el lado derecho de su rostro estaba tapado parcialmente con unas tablas de madera. Sobre su cuerpo también se hallaban unas bolsas transparentes con escombros y un trozo de tronco que quedó colocado entre sus piernas. La ropa, sin duda era la de Roxana, pero los efectivos policiales no la tenían a ella en sus mentes. La blusa blanca con flores rosadas estaba subida hasta los senos. Toda la región toráxica quedaba al descubierto y también parte de su *brassier*. Su falda negra estaba levantada hasta la región abdominal, dejando visible su pantaleta blanca. Era la misma ropa con la que había salido de su casa el sábado 12 de julio. Estaba sin zapatos, sin cartera, y por lo tanto sin identificación. Para efectos del registro inicial, los policías la describieron como mujer de piel blanca, cabello negro ondulado, largo, 1,75 cm, contextura obesa, de unos 30 años.

Los efectivos colectaron dos conchas de balas partidas 9mm, que pensaron podían ser útiles para la investigación.

A Jorge Marín, médico forense, le correspondió la evaluación externa del cuerpo de Roxana. Marín registró que Roxana presentaba escoriaciones, raspaduras, en la región abdominal. También tenía golpeadas las rodillas, en especial la pierna izquierda. Pero la parte más deteriorada era la superior. La región frontal de la cara estaba muy hinchada y el ojo izquierdo estaba fuera del lóbulo. Marín describió al cuerpo de Roxana en estado de putrefacción, con el tórax y abdomen manchados de verde, y la piel, en general, en la llamada fase enfisematosa, que significa hinchada por los gases. Para Marín, luego de la evaluación externa del cuerpo, Roxana había fallecido por un traumatismo en la cabeza. Y a criterio del médico, y con la información policial de que no se habían conseguido documentos con la víctima, las dos manos debían ser amputadas para que en el laboratorio procuraran restaurar los pulpejos dactilares, procedimiento que se suele hacer para identificar a las víctimas.

Cumplido con el proceso forense, el cuerpo de Roxana Vargas fue cargado hasta la furgoneta del CICPC y trasladado hasta la morgue de Bello Monte.

A partir de ese momento, Roxana Vargas Quintero pasó a ser un caso, identificado en el acta procesal # 857.177.

Ana Teresa recibió la llamada pasada la una de la tarde. Agotada, sin dormir, la voz del funcionario policial indicándole que en la morgue se encontraba un cuerpo de mujer que podía reunir las características de su hija y solicitándole que alguien acudiera a identificarlo terminó por derrumbarla. Sintiéndose sin fuerzas, le pidió a su hermano que se encargara de tan terrible trance. Creía además que debía ser un error, que se trataba de otra pobre mujer asesinada. Pero no fue así.

Los funcionarios de homicidios esperaban por el informe del forense para elaborar la estrategia de investigación. El grupo de policías estaba seguro de encontrarse frente a un homicidio. Una vez identificado el cuerpo como el de la estudiante desaparecida, había que retomar la denuncia realizada por la madre, cuando acudió al organismo policial para informar la desaparición de su hija.

El protocolo de autopsia es referencia fundamental en toda investigación criminal. Franklin Pérez fue el patólogo responsable de la autopsia. Apenas fue conocido el informe que realizó, se generaron polémicas y agrias críticas de colegas y conocedores de criminalística.

Sin embargo, había en los juicios contrarios a su informe también un dejo de comprensión. La opinión pública, y más aún sus colegas, conocían las terribles condiciones en las que se encontraba en los últimos tiempos la morgue de Bello Monte. Habría que recordar que el cuerpo de Roxana fue hallado un lunes, el peor día para ello, cuando el depósito de cadáveres colapsaba con las víctimas del fin de semana, casi todas de muertes violentas. Las condiciones de higiene de la morgue estaban ausentes, los cuerpos debían ser evaluados en el piso –así fue examinado el de Roxana– con precarios instrumentos porque los apropiados se habían ido dañando por el exceso de uso, sin ser sustituidos o reparados. Había sido casi un milagro que en el caso de Roxana se hubiese conseguido con prontitud una furgoneta para trasladar su cuerpo hasta la morgue. Abundaban las ocasiones, en especial en los barrios, en que los cadáveres se iban deteriorando aceleradamente a la espera del arribo de las autoridades. A veces llegaban los funcionarios, pero sin los vehículos para transportar los cuerpos, por lo que tenían que apelar a la colaboración del transporte público, o de amigos o familiares que ayudaban a trasladarlos. Ha sido tal la desesperación, que hasta una moto ha sido de utilidad para tal fin.

El informe del forense Franklin Pérez fue la continuidad de lo que había adelantado su colega Jorge Marín.

El documento del patólogo indica que a Roxana se le encontró un hematoma en el cuero cabelludo; la masa encefálica estaba licuada y empapada en sangre y el médico no observó trazos de fractura de cráneo ni de la cara. No vio lesiones en el cuello. El tórax y el abdomen le parecieron muy congestionados. Ni en la pelvis ni en las extremidades consiguió lesiones. La causa de la muerte sería entonces hemorragia subdural, traumatismo cráneo-encefálico severo.

Un dato era muy importante en las investigaciones. Cuando un cuerpo de mujer es encontrado en las condiciones del de Roxana, la primera sospecha es de un crimen pasional, por lo tanto, lo primero que los investigadores deben buscar en el cuerpo y la ropa de la víctima es semen, pelos o saliva, que podrían revelar a través de la evaluación del ADN la identidad del victimario. En el caso de Roxana hubo ausencia de espermatozoides, y no se encontró evidencia de actividad sexual en sus últimas horas de vida.

La mamá de la víctima había insistido desde el primer día en la sospecha de un psiquiatra con quien su hija mantenía relaciones. El detalle que cambiaba todo es que el psiquiatra era famoso. Se trataba de Edmundo Chirinos. Algunos policías, los más veteranos, comentaron de inmediato que Chirinos era un hombre importante que había devenido en la política, y que hasta había sido el psiquiatra del Presidente de la República, Hugo Chávez, y de su ex esposa Marisabel. Así que la información los puso a todos en alerta. El caso tomó otra dimensión.

Los efectivos del CICPC informaron de inmediato al Ministerio Público. A todo aquel que la interrogaba, Ana Teresa, entre tumbos de dolor, insistía en su versión, que cada vez iba siendo más dura: «Quiero decirles que estoy segura de que el responsable de la muerte de mi hija es el doctor Chirinos. Ella mantenía a escondidas una relación amorosa con él».

Durante los días siguientes, en el CICPC sólo se hablaba de ese caso. La lupa del país estaba sobre el organismo policial. Se trataba de una estudiante de periodismo, pasante en un canal de televisión, que había sido lanzada a un basurero. La imagen de Ana Teresa ante las cámaras sacudió a los venezolanos.

Los funcionarios policiales se enrumbaron en la hipótesis de homicidio, enfocándose en dos personajes que aparecían como muy cercanos a Roxana. Pensaban que podía tratarse de un crimen pasional. La joven había referido en el blog http://princesasanas.blogspot.com su conflictiva relación con Chirinos, así como su sufrimiento por Mariano, un amor no correspondido. Luego de los testimonios iniciales de amigos de Roxana, y de las primeras evidencias, los investigadores comenzaron a inclinarse por considerar al psiquiatra como el sospechoso. Al joven Mariano lo escudriñaron también, y fue descacartado. Mariano tenía coartada —decenas de personas lo habían visto trasladarse en transporte público hasta su casa— y no tenía un móvil, una razón evidente para hacerle daño a su amiga.

Los medios de comunicación manejaron la información de inmediato. La policía le había solicitado a la mamá de Roxana que procurara no adelantar nombres, pero eso fue imposible. Identificar al sospechoso fue tarea fácil para los periodistas. Desde el 16 de julio, la opinión pública comenzó a juzgar a Edmundo Chirinos.

El comisario Orlando Arias, a pesar de tener casi cinco años de jubilado, no faltaba a su rutina de comprarse los principales diarios del país, y antes de tomarse su primer café abría la página de sucesos. Leía los diarios de atrás para delante. Así se lo había enseñado su padre, legendario investigador cuando la época democrática en la segunda mitad del siglo XX. Orlando repetía que a pesar de su retiro obligado seguiría siendo policía.

La información de Roxana llamó su atención. La mención de Chirinos en el caso le recordó una denuncia que se había recibido en el organismo policial, unos 15 años atrás, de un extraño robo en su residencia. Le habían forzado la caja fuerte y el psiquiatra muy nervioso había denunciado la desaparición de unos dólares. Si la memoria no le fallaba, era mucha plata, unos 80 mil dólares. Vivía en un *penthouse* en Sebucán y ni la reja principal ni la puerta habían presentado señales de violencia. El policía registró en su memoria que era un apartamento muy oscuro, iluminado con luz artificial y con un aire acondicionado muy bullicioso. Desde el recibo, una puerta entreabierta mostraba la habitación, con una cama que ocupaba casi todo el espacio. Era sin duda un apartamento de soltero. La ausencia de una mano femenina era evidente. El policía había conversado un par de veces con Chirinos y luego el psiquiatra había preferido dejar las cosas así. Y como siempre, un caso se sobrepone a otro. Sólo hasta el momento en que Chirinos era referido como sospechoso en el homicidio de esta joven, el comisario Orlando Arias no había prestado atención al psiquiatra, a pesar de tropezárselo en las páginas políticas de los periódicos. Pero ahora era diferente. Estaba en las páginas rojas.

El comisario, por puro instinto y mucha curiosidad, se decidió por hacer algunas llamadas. Al primero que llamó fue a su compadre Alfonso, nacido y criado en Valle de la Pascua, para que le contara sobre la familia de la víctima. «Humildes, yo diría que pobres, y bastante religiosos», describió el amigo. «El padre, Antonio Vargas, es un hombre pasivo, algo enfermo. La madre, Ana Teresa, arrastra problemas depresivos desde la llegada de sus dos hijas, que nacieron una seguida de la otra. Primero Mariana, y un año después Roxana. Cuando las niñas terminaron el bachillerato en el Colegio Nazareth, la madre decidió enviarlas donde su hermana en Caracas para que siguieran estudios superiores. Los profesores de las niñas las describen como jóvenes promedio, sin alteraciones particulares. La madre sostiene los gastos vendiendo bebidas frescas como tizana, y haciendo por encargo tortas y dulces, muy sabrosos por cierto. Ella debe andar por los 55 años y el padre debe llevarle por encima unos 10. No veo ninguna razón especial para que ella acuse al psiquiatra sin elementos. No tienen contacto con la política, ni con sectores que pudieran tener algún interés en perjudicarlo. En síntesis, creo que hay que prestarle atención a lo que dice Ana Teresa», informó el compadre Alfonso.

La segunda llamada que hizo el comisario Arias fue al detective Perozo, uno de sus amigos de la División de Homicidios. A él sí lo invitó a tomarse un café. Solían hacerlo frente al CICPC. «Mejor unas cervecitas al final de la jornada», le propuso el detective. Orlando había sido su superior y le tenía sincero afecto al funcionario, así que le agradó la idea de atenderlo en su casa. Podrían hablar con tranquilidad y sin la presión de que lo vieran cerca del organismo policial. Suponía que el caso de Roxana Vargas debía haber generado presión sobre los efectivos policiales, y su presencia allí con seguridad causaría suspicacias o recelo.

El tercer repique lo hizo a una profesional respetadísima en el área forense. La patóloga Amalia Pagliaro, también retirada del organismo policial, podía a través de las fotos y de la información policial que tuviesen, aportar algunas opiniones que ayudarían al trabajo detectivesco. A Amalia le informó que el funcionario Perozo acudiría a su casa a las siete y media de la noche y la invitó a que asistiera.

Apenas llegó el detective con su *laptop* en la mano, Orlando y Amalia, sin tapujos, manifestaron su interés por el caso. Se ofrecieron con generosidad y desinterés para ayudar al joven funcionario en una labor que estaban seguros de que estaba realizando bajo gran presión, por tratarse de un personaje de interés nacional. El detective, respetuoso de la experiencia del comisario y la patóloga, respiró con alivio. En cuanto a Orlando Arias, confiaba mucho en quien alguna vez fuera su jefe. Para resolver el caso de Roxana Vargas se sabía necesitado de la orientación de un experto, y mejor si el apoyo venía de un hombre a quien consideraba intachable. Él lo ayudaría a dar pasos seguros en la investigación. Sobre Amalia tenía las mejores referencias; su rigor y severidad le habían granjeado una fama de sapiencia y pulcritud, que la convirtieron en la primera mujer jefe del departamento forense del organismo policial.

Casi con solemnidad, el detective abrió la *laptop* para mostrarles las gráficas del hallazgo de Roxana, al tiempo que hacía un recuento del caso. El comisario las observó con detenimiento y lamentó que hubiesen tomado tan pocas. La calidad tampoco era buena. Preguntó sobre el informe del forense, con un gesto de molestia que el detective conocía muy bien. El detective hizo su exposición, mientras Amalia en silencio comenzó a leer una versión impresa del protocolo de autopsia. El comisario volvió sobre gráficos y anotaciones. No se aguantó para dar la reprimenda.

—¿Acaso olvidaron que cuando un cadáver es encontrado en un sitio de liberación, en seguida deben encenderse todas las alarmas porque significa la posibilidad de que alguien planificó el delito, y que se trata de un caso que debe ser manejado con mayor rigurosidad? –increpó al detective Perozo.

Claro que el detective sabía que el sitio de liberación era un lugar utilizado por delincuentes para arrojar allí las víctimas o los objetos de sus delitos. Parque Caiza, donde había sido localizado el cuerpo de Roxana, era sin duda un sitio de liberación.

—¿Y no los puso en alerta el que se tratase de una mujer? –preguntó el comisario.

El detective asintió con la cabeza, al recordar que entre 90 y 95 por ciento de los fallecidos por hechos violentos son hombres. La explicación a ese hecho ha sido sencilla. Los hombres están más en la calle. Por eso, ver una mujer muerta, lanzada así, es difícil. No es común. «Entonces, una mujer en un sitio de liberación, ¡es para instalar todo *CSI*!», dijo Arias en alusión a la exitosa serie de televisión que muestra el trabajo de un equipo de investigadores forenses.

—Esto lo hicieron muy a la ligera –insistió molesto– es evidente que al cadáver le lanzaron objetos arriba para tratar de ocultarlo, pero visto así, parece un acto desesperado. El sitio de liberación es conocido por cierto tipo de delincuentes y de policías, así que quien lanzó el cadáver puede haber sido un cómplice que realizó el hecho apurado. La acción podría demostrar también que ese cómplice no pensó en que el cadáver iba a ser detectado tan pronto. Pareciera que no tiene experticia de homicidios, porque tendría que saber que el cadáver cuando se empieza a podrir no lo aguanta nadie. Con el viento a favor, la podredumbre puede llegar a kilómetros. Quien hizo esto para desaparecer el cadáver, se equivocó de sitio. El otro aspecto que me preocupa es la evidencia. Por lo que veo, los únicos elementos que fueron colectados fueron unas conchas de balas y unas bolsas plásticas con escombros. ¿Y todo lo demás?

El comisario Arias, en la continuación de su monólogo, explicó el tetraedro de la criminalística. «Hablamos de un asesinato. Por un lado, tenemos el arma con la que se ejecutó el homicidio, cualquiera sea. En el otro vértice tienes una víctima, ¡porque alguien murió! Entonces hay un victimario en el tercer punto, y en el cuarto, hay un sitio del suceso. Nuestro deber es buscar la interrelación. ¿Qué dejó el victimario en el sitio del suceso? ¿Y qué dejó el victimario en la víctima, es decir en Roxana? O sea, ¿dejó un pelo, una huella, semen, saliva, una fibra? Igual ocurre con todo lo demás. ¿Qué se llevó el victimario del sitio del suceso, o de la víctima? Este tetraedro de la criminalística es imprescindible en una investigación criminal».

Lo que el comisario quería decir al detective, es que todos los objetos que se encontraban alrededor del cadáver, en especial los que fueron lanzados sobre la víctima para tratar de ocultarla, seguramente habían sido tocados por el homicida, o por quien dejó allí el cadáver. En cualquiera de los casos, podría tener huellas dactilares. Y ninguno de esos objetos había sido recolectado, por lo que la investigación carecía de unos elementos de prueba que podían resultar importantes.

Apenas el comisario hizo una pausa, Amalia dio vuelta a la versión impresa del informe de autopsia. Su rostro reflejó preocupación. «Hay unas lesiones en el cuerpo que no me explican si fueron *pre mortem*, cuando ella estaba viva, o después de haber fallecido». «Esto es importante porque quizás la arrastraron viva –la interrumpió el comisario–, pero también los golpes pueden indicar que fueron consecuencia del momento en que la lanzaron, o de cuando la intentaron meter en un vehículo». «El informe tampoco me ubica en qué parte del cráneo fue la lesión –continuó Amalia– frontal, parietal, occipital, ¿dónde está? No hablan de heridas, sino de lesiones, y al parecer no hay fracturas. Entonces, ¿por dónde sangró?».

—Seguro la morgue estaba colapsada, y los mozos terminaron haciendo el trabajo a la carrera –se lamentó el comisario.

El detective se sintió avergonzado. Si bien no había participado en la fase inicial de la investigación, se sabía responsable por sus compañeros. Así que tenía por delante el reto de las próximas diligencias, que eran muchas, para reivindicarse. Lo más importante no sólo era identificar al o a los responsables de ese homicidio, sino también recabar con eficiencia los elementos de prueba. Tanto el comisario como la patóloga le repitieron al unísono: «Los elementos de prueba». Como despedida, el detective Perozo prometió tenerlos al tanto de los avances de la investigación.

—Este informe, además de incompleto tiene contradicciones –espetó Amalia apenas se quedaron solos, y en una especie de soliloquio comenzó a disertar sobre el trabajo del forense, frente al comisario que sonreía complacido. La doctora Pagliaro siempre había sido objeto de la admiración del policía. Juntos habían logrado resolver importantes casos, que les habían elevado su credibilidad profesional. Y ahora que ambos estaban retirados, y cuando la nostalgia los asaltaba, una cita con un buen vino se podía convertir en el juego de inteligencia criminalística más divertido que se pueda imaginar. Podían resolver los casos más complicados, lo que les permitía mantenerse actualizados y en forma. En ocasiones, homicidios que parecían imposibles de resolver requerían de varios encuentros, hasta que finalmente llegaban a un final policíaco. La regla fundamental del juego era que para considerarlo resuelto los dos debían estar de acuerdo.

Amalia Pagliaro se concentró en las fotos de Roxana. «Esta víctima estaba putrefacta», dijo. Esa observación coincidía con el protocolo de autopsia. Por eso la descripción del cuerpo refiere de una especie de mancha verde que es la señal, el síntoma, de la primera etapa de la putrefacción, llamada fase cromática. En el caso de Roxana, con el calor –fue encontrada en la vía hacia Guarenas– y al encontrarse al aire libre, la putrefacción se aceleró, porque lo usual es que se inicie a las 36 horas. «La víctima ya había comenzado a pasar a la fase gaseosa o enfisematosa de putrefacción», agregó la patóloga. En esa etapa ya el cadáver huele muy mal.

Eso le ocurrió al cuerpo de Roxana. Su tío Antonio recuerda que tuvo que sacar la cabeza por la ventana abierta del vehículo que la transportaba de la morgue al cementerio, para evitar las náuseas que les producía el hedor.

Las etapas posteriores a la fase gaseosa son la de licuefacción y la esqueletización. En la primera, empiezan a aparecer moscas, larvas y gusanos, el cadáver pierde las partes blandas y queda expuesta la parte ósea, la piel se pierde, se derrite. En la segunda ya quedan sólo los huesos. Roxana no llegó a estas fases.

—¿No te llama la atención que el médico dice que no hay herida en la cabeza? –continuó refiriendo Amalia al comisario–. Al menos el protocolo no lo expresa. Lo otro que me parece extraño es que el patólogo dice que tiene una hemorragia subdural y también escribe que la masa encefálica está licuada. Eso es imposible. Así es muy difícil determinar qué tipo de hemorragia es. Si fuera la hemorragia subdural, toda la sangre va a estar sobre la masa encefálica, pero si tengo la masa líquida, no te puedo decir dónde está.

En síntesis, había caído la sombra de la duda sobre la eficiencia del departamento forense. Errores en esa área se pagaban caros en un juicio. Casi al unísono el comisario y la patóloga concluyeron: «Es necesario que a este cuerpo se le haga una exhumación».

Al día siguiente, al comisario Orlando Arias le llegó un mensaje vía Blackberry en el que le contaban que en el CICPC se acababa de recibir una denuncia que podía aportar nuevos datos a la investigación criminal del caso. Una mujer, alemana, de unos 70 años, luego de leer las informaciones que podían responsabilizar a Chirinos por la muerte de una joven universitaria, se había decidido a denunciar al psiquiatra por intento de violación. Identificada como Gysela Klingler Koerner de Mahr, se presentó en el organismo policial y sin dudarlo relató que en fecha 7 de noviembre de 2003 había acudido al consultorio de Chirinos para tratarse lo que consideraba una depresión. Dijo que en esa primera cita el psiquiatra la quiso sedar y ella se negó rotundamente porque siempre le ha tenido pánico a las inyecciones. En su segunda cita, según su testimonio, el médico se le lanzó encima posesionado por un arrebato repentino. «Me agarró por la fuerza como una bestia y me trató de violar; no pudo penetrarme, pero eyaculó sobre mí», contó la denunciante, que según los funcionarios parecía bastante atemorizada. Gysela Klynger dijo que no podía creer lo que le había sucedido en esa oportunidad. Avergonzada, le preguntó al psiquiatra por qué había cometido tal agresión, y según su testimonio, un Chirinos calmado le dijo que él era psiquiatra del Presidente de la República, y que mejor no intentara nada contra él. Gysela, aterrada, se había regresado a su casa, decidida a no decirle nada a nadie. Ella era extranjera y al final sería su palabra contra la de un hombre con mucho poder. En medio del asco y la vergüenza, guardó en una bolsa plástica sellada la ropa sobre la que Chirinos había arrojado su semen. Para el momento del hecho, Gysela tenía 65 años, y cinco años después, cuando leyó las noticias sobre Roxana, se decidió con temor pero con aplomo a denunciar al psiquiatra ante el organismo policial. Luego de trascender a los medios de comunicación su denuncia ante el CICPC, Gysela optó por cerrarse en el silencio y esperar el momento de rendir su versión ante el juez de la causa. Frente a la solicitud de una entrevista, repetía con la severidad del acento alemán: «Ese hombre es muy poderoso y puede hacerme daño».

Después de conocer el caso de Gysela, el comisario Orlando Arias terminó de convencerse de que el CICPC estaba frente a un caso muy complicado. Los pasos de la investigación exigían de gran profesionalismo, de la fortaleza de resistir a las presiones del poder económico y político, y de la coraza capaz de rebotar la andanada de la opinión pública.

Un vacío en el estómago interrumpió los pensamientos del comisario. Acababa de sorprenderse dudando de la eficiencia de su otrora querida institución. Hizo un plan mental para aportar desde su trinchera toda la ayuda que fuese necesaria para la resolución del homicidio de Roxana Vargas. Para ello, activaría todas sus fuentes. Y contaba con Amalia como su gran aliada para tal fin.

Edmundo Chirinos trató de mantener su rutina, a pesar de que su nombre figuraba en las páginas rojas de los diarios. Acostumbrado a levantarse tarde, cerca de las 10 de la mañana, no dejó de hacerlo durante esos días. Aún en pijamas, tomaba su desayuno, leyendo con más interés que nunca las informaciones que traían los medios impresos nacionales. Le agradaba leer con música de fondo, pero también gustaba ver en su cama programas de opinión. Le divertía tomar fotos de la pantalla de la televisión, a las imágenes de mujeres que le atraían –periodistas o entrevistadas– en especial a las piernas de ellas, si tenían faldas. Algunas de esas fotos después fueron recabadas. Ya cerca del mediodía prendía uno de sus vehículos –bien el BMW o el Mercedes Benz– y se dirigía a su clínica en La Florida, donde permanecía el resto del día. Solía regresar a su casa como a las 10 de la noche.

Que el psiquiatra tratara de hacer su vida normal no significó que se descuidara en su protección. Desde que fue mencionado como sospechoso, y con las contundentes acusaciones públicas de Ana Teresa, decidió comunicarse con una abogada amiga, Xiomara Rausseo, a quien le solicitó nombres de penalistas para encargarles su eventual defensa. Rausseo, sin dudarlo, le recomendó a Juan Carlos Gutiérrez, quien aceptó el caso junto a Claudia Mujica y Alberto Yépez.

Una de las primeras acciones del equipo de la defensa fue informar al país que Edmundo Chirinos estaba dispuesto a rendir declaración para aclarar las cosas apenas fuese requerido, advirtiendo que sin embargo no había sido citado.

Entretanto, el Ministerio Público y la División de Inspecciones Oculares y Homicidios del CICPC realizaron visitas domiciliarias a tres propiedades del psiquiatra. Los funcionarios fueron al consultorio ubicado en la calle Raúl Ramos Calles, prolongación Los Manolos, cerca de la avenida Andrés Bello. Este lugar era clave para la investigación. Los policías buscarían evidencias para determinar si en ese consultorio se había cometido el crimen. El otro allanamiento sería en su residencia ubicada en la primera transversal de Sebucán, adonde los funcionarios presumían, por datos suministrados por familiares y amigos de Roxana, que ella no había ido, pero donde buscarían evidencia que aportara elementos de la relación entre la víctima y el psiquiatra. El tercer allanamiento sería en otro apartamento en la avenida Rómulo Gallegos, Torre Los Samanes, que aparecía también como propiedad de Chirinos, aunque allí no vivía.

El 18 de julio, los efectivos policiales, entre ellos el detective Perozo, efectuaron el allanamiento en el consultorio del psiquiatra. El local es una casa bastante vieja, ubicada en una calle angosta frente a la clínica El Cedral. La entrada del lugar tiene una reja de acceso a un área que funciona como sala de espera de la clínica. Su iluminación es artificial de regular intensidad. El piso de esa área es de terracota. A la sala de espera se le junta la recepción desde donde se accede en sentido noreste, a una puerta de madera marrón, batiente. Al traspasar ese umbral, se llega a un ambiente de piso de cemento con una alfombra azul y gris, con paredes blancas y cerámica azul. Allí hay un área que parece de consulta, dos áreas de tratamiento médico y un baño. Los funcionarios se sorprendieron porque encontraron el consultorio bastante descuidado. La pintura de las paredes estaba deteriorada, algunas mostraban filtración, y la alfombra parecía que nunca la hubieran limpiado. En el baño, los funcionarios hallaron algunos medicamentos (registraron con suspicacia una muestra del lubricante íntimo Lubrinx, en uno de los estantes). El mobiliario era normal para un consultorio, gabinetes, mesas y sillas.

Pegada a ese pequeño consultorio está otra área, donde el psiquiatra aplica tratamientos médicos. Esa sala está protegida con una puerta de madera blanca, con diverso mobiliario desde equipos de video hasta una camilla, una mesa y varios estantes. Un zarcillo plateado de diseño triangular fue ubicado en el piso. Un zarcillo muy pequeño, que para efectos de la prueba policial resultó inmenso.

Los policías sabían qué iban a buscar. Necesitaban evidencia de que Roxana Vargas había estado allí. Hasta el momento habían recabado la relación de llamadas entrantes y salientes entre los celulares de Chirinos y de la estudiante, con resultados positivos, que los orientaban a pensar que el consultorio había sido el último lugar donde Roxana había estado con vida.

Los efectivos comenzaron con el levantamiento planimétrico. Una minuciosa inspección en la que utilizaron una aspiradora con el respectivo retenedor y papel filtro les permitió efectuar un barrido, tanto en el consultorio como en el área de tratamiento, de donde tomaron muestras de material heterogéneo y apéndices pilosos, que fueron guardados en dos sobres de papel para su evaluación en el laboratorio.

Luego vino la prueba de luminol, una técnica que se aplica en la oscuridad sobre cualquier superficie –madera, cemento, tela, cartón, vidrio– que permite ubicar trazas de sangre. En toda investigación suele ser un momento emocionante, de película, pues.

El luminol es una técnica basada en una manifestación

química semejante a la de las luciérnagas. Su aplicación en investigaciones criminales es bastante reciente. Los primeros coqueteos con esta técnica fueron en el siglo XVI, con una infusión y un trozo de madera que emitió una peculiar coloración azul. Tres siglos después, en la mitad del siglo XIX, un físico y profesor de Cambridge, sir George Gabriel Stockes, y otro físico e historiador, Eilhardt Wedemann, acuñaron unos términos de relevante aporte. El primero, la florescencia, y el segundo, la luminiscencia, para luz fría, diferenciando con estos términos el efecto de emisión de luz por aumento de la temperatura denominado incandescencia.

Ya en 1928, de manera accidental, así como se ha llegado a tantos maravillosos hallazgos, el alemán H. O. Albrecht descubrió una sustancia que emite una tenue luz brillante cuando es mezclada con peróxido de oxígeno y en presencia de un catalizador que podía ser hierro, cobre o cobalto. La minería de Alemania compró el descubrimiento de inmediato para detectar vetas de cobre.

A la criminalística llega en 1937, cuando Walter Spech, de la Universidad de Medicina Legal y Criminalística de Jena, Alemania, comienza a utilizar el luminol en test de detección de sangre sobre diversas superficies. Tuvo éxito incluso en aquellas áreas que habían sido limpiadas hasta cinco veces.

En 1951, el luminol comenzó a aplicarse con mejorías en la investigación criminal, hasta 1966 cuando se determinó una fórmula perfeccionada de hidróxido de sodio o potasio, en un medio hidratado de agua destilada y peróxido de hidrógeno, que será la mezcla más usada en criminalística hasta la inevitable llegada de las recetas comerciales.

Lo que el luminol busca realmente es el hierro que contiene la sangre. La mezcla de luminol reacciona con los denominados metales de transición como cloro, cobre y potasio, que pueden dar falsos positivos, es decir resultados que parecen indicar la presencia de sangre. Por eso la muestra colectada siempre es llevada al laboratorio.

Los investigadores también tienen en cuenta que algunos elementos naturales pueden alterar la eficiencia del luminol, como la lechosa o el mango, por ejemplo. Toda esta información es de fácil acceso por Internet. En las dos maletas de los carros de Chirinos se detectaron, además de un fuerte olor nauseabundo, restos de frutas, en apariencia de mango, que habían sido restregadas en toda la superficie. Por eso después, en el juicio, se manejó el argumento de alteración con falso positivo. El psiquiatra había escuchado una conversación sobre el efecto de las frutas y había mostrado interés por el tema.

La oscuridad que debe reinar mientras el luminol es esparcido, suele aportar mayor teatralidad al momento. El acto que parecería rutinario se convierte en una ceremonia. Y cuando la luz azul se extiende, la mayoría de quienes lo presencian suelen erizarse, interpretando la luminiscencia como una especie de señal divina.

En el área médica del consultorio de Chirinos la ruta de la luz azul les pareció una evidencia contundente a los efectivos policiales. En criminalística, si se comprobaba que lo que se veía allí iluminado en efecto era sangre, había un alto porcentaje de que en ese lugar se hubiese cometido un asesinato. La luz iba desde la camilla hasta la salida principal del consultorio, con interrupción en algunas áreas. Con precisión, los funcionarios colectaron una muestra a nivel de la pared, donde se encuentra el diván que según Chirinos utiliza para las terapias, unos 3 centímetros por encima del borde superior del espaldar de dicho mueble. También tomaron una muestra de la esquina anterior del asiento del diván. Cortaron en el piso del área de terapias un segmento de alfombra de 32 por 22,5 centímetros, donde parecía haber un pozo de sangre. Otro segmento de alfombra de 17 por 19,5 centímetros fue colectado frente a la puerta de acceso principal. Allí parecía también haber otro pozo. Un rastro de sangre como de un zapato arrastrado, muy definido, los llevó hasta la salida del consultorio.

El operativo de allanamientos continuó en la residencia de Chirinos. Cercanos al psiquiatra confiesan que tuvo tiempo de sacar algunas cosas; tal vez nunca se sabrá cuáles. Podrían ser documentos íntimos que no tengan que ver con Roxana Vargas, expedientes médicos que, de ser difundidos, generarían escándalo en la sociedad venezolana.

Los funcionarios lo que procuraban era nuevos elementos que probaran la relación entre el psiquiatra y la estudiante. No creían encontrar indicios de que ella hubiese estado en ese apartamento, porque según el contenido del testimonio dejado escrito por Roxana y lo expresado a familiares y amigos, la joven nunca había acudido al *penthouse* de Chirinos.

Los investigadores notaron que la caja de seguridad estaba vacía y procedieron a decomisar algunas cosas de interés, como un revólver Smith&Wesson .38, bastante viejo y hasta oxidado, muchas municiones para armas de distinto calibre y un cargador. El detective Perozo no se distrajo en esos vejestorios. Con el olfato agudizado se dirigió a la parte baja de una escalera que comunicaba la habitación del psiquiatra con el segundo piso del *penthouse*, y sin titubear, como si alguien le hablara, localizó un archivo colocado como al descuido, debajo de un mueble, en el piso. Al abrirlo se sintió frente a un tesoro: más de mil fotografías, de distintas épocas, realizadas en lugares similares a su consultorio y su casa. Las gráficas mostraban cuerpos de mujeres desnudas o casi, posando unas y otras completamente dormidas. Algunas de éstas impresionaron a los funcionarios porque parecían las imágenes de mujeres muertas con la camisa y el *brassiere* mal subidos, así como quitados a medias los pantalones, faldas y pantaletas. «Seguramente estas mujeres ni se imaginan que Chirinos les hizo estas fotos», dijo uno de los policías sin poder ocultar su indignación. «Pues se enterarán en el juicio», respondió con ironía otro. Tres de esas fotos eran de Roxana, sonriente, desnuda.

El hallazgo activó la adrenalina de los funcionarios, pero faltaba más. Las fotos podían mostrar evidencia de abuso sexual del psiquiatra con sus pacientes, pero el médico no estaba siendo acusado por ese delito. Necesitaban recabar elementos de prueba que pudiesen relacionarlo con el homicidio. Y de pronto, una carta los sorprendió.

En la computadora de Chirinos estaba una correspondencia que el psiquiatra le había escrito a Ana Teresa Quintero de Vargas. El documento estaba ahí, sin haber sido enviado. Chirinos no niega su autoría, incluso muestra copia del documento sin mayor problema, asegurando que hay otra carta más que no está en el expediente. El psiquiatra argumenta que la misiva tuvo la intención de amedrentar a madre y a hija, para evitar que Roxana cumpliera su amenaza de hacer pública la relación entre ellos, que para el médico era producto de su mente enferma.

Para los funcionarios policiales, en cambio, la carta arrojaba el móvil del crimen.

La carta, bajo el encabezado «Sobre Roxana para su madre», dice:

«Estimada amiga, no se imagina cuánto lamento tener qué hacerles llegar la información que a pesar del daño que va a provocarles, me veo obligado a hacerlo, como único recurso para evitar que vuestra hija Roxana, a su vez me lesione ética, humana y profesionalmente.

»Ante todo debo aclararle que en ningún momento cuando ella fue mi paciente, entre el 01 de octubre de 2007 hasta el 15 del mismo mes y año, hubo aproximación sexual alguna, como ustedes llegaron a creer y afirmar, y como a ella misma se lo demostré más recientemente, con otra paciente, sometida al mismo tratamiento que ella recibió, y que impide por sus efectos inmediatos, expresiones de experiencia sexual alguna. Pero en fin, preferí no polemizar sobre ello, y porque sin duda alguna se había recuperado de los severos trastornos psiquiátricos por los que me la habían conducido a mi consulta.

»Quiero que sepan que desde hace años presido la Comisión de Ética, tanto de la Federación Médica de Venezuela como de la Sociedad Venezolana de Psiquiatría, y he aprendido que todo tipo de polémica en este ámbito, perjudica, y sé por mi trayectoria, que constituyo un ejemplo para la colectividad médica del país, en cualquier especialidad, y haría mucho daño a los médicos venezolanos más que a mí mismo. Sospecho además que una amiga de Roxana, cuyo nombre no voy a mencionar, tuvo la intención de lesionarme.

»Después no supe más de vuestra hija hasta el inicio del pasado mes de febrero, cuando sin citas previas, comenzó a insistir en tener consultas conmigo, pese a las explicaciones de mis secretarias de no poder atender pacientes sin citas previas. Fue tal la insistencia, que admití verla sin que las secretarias se enteraran, para no modificar mi rutina de trabajo. Por ello siempre entraba a mi consultorio por mi puerta privada y sin que nadie lo supiese. Pero mi gran sorpresa y por qué no decirlo, muy agradable, tuvo lugar cuando desde la primera entrevista, sin mayor diálogo previo, se me entregó sexualmente, quedando claro y así me lo hizo creer, que venía para eso, y además lo hacía con gran pasión, habilidad y erotismo. Es decir, no venía al psiquiatra y sí al hombre.

»Teniendo mayoría de edad, pese a las diferencias cronológicas entre ella y yo, las cuales nunca me han importado, si quienes coitan legalmente son responsables de sus actos y ella lo era. Entonces se inició entre ambos una práctica casi compulsiva de intensas relaciones sexuales.

»Ciertamente sólo me molestaba que ella hubiese querido que lo hiciésemos diariamente, y sus llamadas y mensajes telefónicos, como puede comprobarse en el informe de Movilnet, se tornaban cada vez más insistentes y reiterados, como si estuviese poseída de un frenesí libidinoso. Y mis ocupaciones no siempre me permitían complacerla. Aun cuando debo confesar que cada vez que poseía a aquella joven, bella y de hermosas piernas, pese a su sobrepeso, lo disfrutaba plenamente. Y quise ayudarla hasta recomendándole citas con especialistas en nutrición que mejorara su imagen física. Hay también pruebas de ello y se anexan fotos tomadas por mí con total conciencia de ella.

»También insistió en venir a mi casa, a lo cual me negué por los vecinos de mi edificio, y porque insistía en la rigurosa confidencialidad de nuestra relación.

»Mi gran malestar se genera, cuando me informa que toda su experiencia sexual conmigo era para escribir una supuesta tesis para sus estudios de Comunicación Social.

»Llegué hasta amenazarla con prisión, y frente a su edificio, una patrulla policial esperaba mi orden de aprehenderla. Afortunadamente comprendí que si era una enferma mental, no era legal la prisión y tampoco tenía la autorización para hospitalizarla en una clínica u hospital psiquiátrico. Ordené al grupo policial que se retirara. Hay también pruebas de ello. Su cinismo llegó al grado de amenazarme con periodistas.

»Es por ello que decidí comunicarles a ustedes todo lo ocurrido, porque sé que por el amor que siente por ustedes, y ustedes por ella, además de gran confianza en sus principios, podía persuadirla de que al enterarlos de su comportamiento, podría prescindir de su absurdo propósito de hacer pública y por escrito la relación sexual que hemos sostenido.

»Lamento comunicarles esto, pues puedo prevenir las brutales consecuencias que va a generar en ella y en ustedes esta denuncia. Pero aspiro que entiendan que agoté otras opciones. Mil perdones».

Los detectives al leer este texto recabaron esta evidencia como una joya. En cuanto al caso, lo consideraron cerca, en términos policiales, de estar resuelto.

Por esos días, Chirinos, contra los consejos del equipo de su defensa, insistió en brindar unas declaraciones a un medio de comunicación. En ese territorio solía sentirse bastante seguro, y la prensa, a pesar del escándalo, lo había tratado con bastante magnanimidad. Ante las cámaras de Globovisión, el periodista José Vicente Antonetti lo entrevistó. La declaración cayó entre los amigos de Chirinos como un balde de agua fría. El psiquiatra hizo esfuerzos por mostrar su inocencia, pero sólo logró aumentar las sospechas. Además, manifestó desprecio por las características físicas de Roxana, haciendo entrever que ella no era merecedora de su atención sexual.

El psiquiatra dijo desconocer los intereses que pudiesen estar detrás de los señalamientos que lo involucraban con la muerte de la estudiante. Respecto a la sangre encontrada en su consultorio, argumentó que la terapia electro convulsiva podía provocar hemorragias nasales y bucales.

Insistió: «Es importante aclarar que no hubo ninguna relación de orden amoroso sexual, como se ha señalado en la prensa». Para Chirinos la relación entre él y Roxana desarrolló un vínculo sentimental, como todo paciente desde la época de Freud, a través de lo que se denomina una transferencia. Cualquier alusión que haya hecho Roxana sobre ellos, el psiquiatra la calificó como fantasía. «Yo lo quiero mucho doctor. Yo lo amo mucho doctor. Usted me hace mucha falta doctor». Según Chirinos, eso lo oye a cada rato de sus pacientes, «pero no de los masculinos», aclaró con una sonrisa. Negó además que Roxana hubiese intentado seducirlo, «era más bien tímida». Y agregó: «Murieron este fin de semana 79 personas, según leí en prensa. ¿Por qué tanta investigación y cobertura en medios de comunicación, cuando la única evidencia que hasta ahora ha exhibido la policía, es el blog donde ella como paciente describe sus condiciones? Vale la pena que todos se lo lean, para que se den cuenta de su estado mental, del cual no puedo opinar».

Chirinos, al final, tratando de mostrarse dueño de la situación, afirmó que por su consultorio habían pasado tres presidentes: Rafael Caldera, Jaime Lusinchi y Hugo Chávez; (los dos primeros lo negaron casi de inmediato). Al final, con suavidad, lamentó la muerte de la joven y mostró extrañeza por las acusaciones de Ana Teresa.

Para el momento de la declaración avanzaban los análisis de las evidencias recabadas en el consultorio. A ellas se había sumado la inspección efectuada a dos vehículos. Un

Mercedes Benz modelo C230KSC, azul, y un BMW modelo 325-IS, azul también. De la maleta de los dos vehículos se desprendía un olor nauseabundo y se recolectaron elementos pilosos. Se determinó que las alfombras de los vehículos parecían haber sido impregnadas con una sustancia que interfiere la activación del luminol, como mango o lechosa.

Los resultados de los primeros análisis de laboratorio comenzaron a llegar a finales de julio. El estudio toxicológico realizado a Roxana después de muerta, fue negativo para alcohol etílico, alcaloides (cocaína, heroína) y escopolamina. Se encontró 115 miligramos de Setralina por litro de sangre, cantidad considerada dentro de los límites normales de una paciente que ha estado en tratamiento.

La muestra de ADN enviada para experticia a Lisbeth Borjas Fuentes, MSC en genética humana, determinó que la sangre colectada en el consultorio de Chirinos pertenecía a Roxana Vargas.

Los reporteros policiales, apenas conocieron estos resultados, transmitieron la información. «La Fiscalía citará como imputado al psiquiatra Edmundo Chirinos, por la muerte de la estudiante Roxana Vargas».

El 29 de julio, el Ministerio Público, basado en el artículo 405 del Código Penal, imputó por homicidio intencional a Edmundo Chirinos. Consideró la Fiscalía que el psiquiatra agredió con un objeto contundente a Roxana en su región cefálica, joven con quien mantenía una relación de afectividad, surgida luego de su vínculo como médico-paciente. Este crimen contempla pena de cárcel entre 12 y 18 años.

En nota de prensa, el Ministerio Público refirió que el delito imputado guarda relación con el artículo 65 de la Ley Orgánica sobre el Derecho de las Mujeres a una Vida Libre de Violencia, norma que menciona circunstancias agravantes, que de cometerlas el agresor de una mujer aumentaría la pena, de un tercio a la mitad. Una de esas circunstancias es que el crimen se haya cometido en perjuicio de personas especialmente vulnerables, con discapacidad física o mental.

El acto de imputación duró cuatro horas. En el evento, Chirinos apeló a su derecho a no declarar y ante los fiscales 50, Pedro Montes, y 48, Zair Mundaray, pidió que se abstuvieran de manipular información que no se relacionara directamente con la investigación. Se refería a los archivos de sus pacientes y datos colaterales. A la salida, el psiquiatra declaró a los medios de comunicación sentirse tranquilo, y se quejó del desprestigio que le estaba causando el incidente.

Al día siguiente de haber rendido testimonio ante el Ministerio Público, la juez 48 de control de Caracas, Maura Fláneri, libró a última hora de la tarde orden a todos los cuerpos policiales para que capturaran al psiquiatra Edmundo Chirinos y lo condujeran hasta su tribunal para decidir sobre una privativa de libertad. Ese día, los efectivos policiales lo fueron a buscar a su residencia, pero no lo encontraron. Sin embargo, sus abogados aclararon que el psiquiatra se presentaría de manera voluntaria, tal cual sucedió 24 horas después.

Chirinos llegó acompañado de sus defensores Juan Carlos Gutiérrez y Claudia Mujica a las diez de la mañana a la sede del Palacio de Justicia. Para su desgracia, los representantes del Ministerio Público llegaron al mediodía y el tribunal, que ya tenía compromisos para la tarde, decidió diferir la audiencia. Los momentos que siguieron son considerados por Chirinos como los más humillantes de su vida, cuando cerca de la una de la tarde fue trasladado esposado hasta la División de Homicidios del CICPC. Allí tuvo que dormir en una silla. Las cámaras de televisión mostraron los esfuerzos del psiquiatra por ocultar las esposas bajo su saco elegante. No lo logró.

La defensa calificó de desmedidas las acciones contra su cliente. Consideraron que la orden de captura y el despliegue policial, tenían la intención de malponer su imagen. Chirinos –insistieron– había dado señales permanentes de colaborar con las investigaciones. «La prueba de que mi cliente está apegado al proceso judicial es que en diez días, estuvo en ocho oportunidades en el CICPC, en la Fiscalía y en los tribunales», precisó Gutiérrez.

Los abogados Gutiérrez y Mujica, al momento de conocer de la detención, habían recusado a la juez Fláneri por considerar ilegal la privativa de libertad. También argumentaron que el juzgado había adelantado opinión.

Otro argumento fue utilizado por la defensa de Chirinos. La violación del artículo 245 del Código Orgánico Procesal Penal que establece que «no se podrá decretar la privación judicial preventiva de libertad de las personas mayores de 70 años; de las mujeres en los últimos tres meses de embarazo; de las madres durante la lactancia de sus hijos, o de las personas afectadas por una enfermedad en fase terminal debidamente comprobada». El psiquiatra, a quien le molestaba revelar su edad, cumplía con la primera condición, y le permitió a la defensa apelar a esa realidad.

A lo que sí se negó fue a la posibilidad de aceptar homicidio culposo. El escenario de que por un hecho que se hubiese escapado de su manos –un empujón, una mala caída– Roxana hubiera fallecido estaba en la mente de cualquier estratega. Chirinos llegó a decir que antes de esgrimir ese argumento prefería suicidarse. Presentar homicidio culposo le habría permitido a la defensa solicitar la reducción de la eventual pena, y abriría la posibilidad de que apelando a su edad en poco tiempo consiguiera su libertad. Pero el psiquiatra descartó con contundencia tal alternativa.

La amenaza del suicidio Chirinos la lanzó en distintos escenarios, hasta que nadie le creyó, o al menos dejaron de prestarle atención. La repitió en las audiencias, ante la juez, fiscales y policías; tanto lo hizo, que en los pasillos de tribunales quedó de chiste.

El caso pasó a manos de la jueza 18 de control del área metropolitana, Ani Merchese. Chirinos, cerca de las nueve y media de la mañana, fue trasladado desde la sede de la policía judicial hasta el Palacio de Justicia. Tres funcionarios lo acompañaban.

Durante la audiencia, tal como se esperaba, los fiscales Pedro Montes y Zair Mundaray imputaron al psiquiatra por homicidio intencional contra Roxana Vargas. Chirinos guardó silencio y dejó que los alegatos fueran presentados por su defensa. La juez mantuvo la calificación de homicidio intencional y ordenó que el médico permaneciera recluido en su residencia en Sebucán mientras se realizaba el proceso penal. Chirinos quedó bajo la custodia de funcionarios de la Policía del Municipio Sucre.

Para el equipo de abogados defensores la imputación de los fiscales carecía de sustento, y así lo declararon a los medios de comunicación.

El detective Perozo llegó ansioso a la residencia del comisario Orlando Arias. Seguro de que su ex jefe estaría al tanto de lo acontecido en el caso de Roxana Vargas, esperaba ser merecedor de mejores opiniones que las que había obtenido en su último encuentro.

La investigación estaba desde la última semana de julio fuera de las manos de la policía. El resto de las averiguaciones y diligencias habían quedado bajo la responsabilidad del Ministerio Público. Por alguna razón, el detective sintió que esa circunstancia le permitiría conversar con mayor libertad.

El comisario de nuevo estaba acompañado de la patóloga Pagliaro. Cada uno, por su lado, había estudiado con detenimiento el caso y se había asesorado con expertos amigos hasta de otros países. Así que al detective Perozo, lejos de una felicitación, le esperaban mayores exigencias.

El comisario volvió al tema del hallazgo. Arias había ampliado detalles del cuerpo de Roxana y en general de la escena en la que fue encontrada. Las imágenes, bajo otra dimensión, arrojaban elementos inquietantes que podían hacer el camino difícil para que los fiscales alcanzaran la llamada *verdad verdadera*.

Arias comenzó a lanzar observaciones, preguntas y explicaciones. «Fíjate en la muñeca derecha. ¿No notaron lo que se llama un círculo acromático, es decir una parte más blanca que la del resto, como si allí hubiese tenido un reloj o una pulsera? ¿O acaso allí hubo una atadura? Y mira esa loza partida», dijo refiriéndose a una especie de porcelana blanca que estaba cerca del cuerpo, «allí es muy posible que se hubiese registrado una huella dactilar».

La doctora Pagliaro se refirió a la mano izquierda de Roxana. Una foto ampliada de ese detalle mostraba la mano de Roxana casi cerrada, como aferrándose a un pedazo de tronco, una tabla o algo así.

—¿Podría ser que hubiese estado viva? –interrumpió el detective Perozo por primera vez– Eso sería un elemento agravante.

—Es muy extraño –respondió la patóloga– ¿En qué momento fue lanzada allí? ¿Sería cuando comenzó su rigidez cadavérica, y justo en ese momento cerró la mano?

La rigidez cadavérica comienza entre tres y cinco horas después de que un cuerpo ha perdido la vida. Cuando la gente se muere, se pone flácida de inmediato, blandita, porque hay relajación muscular. La excepción es el espasmo cadavérico que producen los tiros en la cabeza; por eso la gente queda con el arma empuñada. La rigidez ocurre por la degradación de la energía que influye en la parte de la musculatura. Comienza primero en la cabeza, y sigue hacia abajo con los brazos que se contraen, luego las piernas, hasta que transcurridas doce horas se ha posesionado de todo el cuerpo. Entre las 24 y las 48 horas es la fase de máxima intensidad de la rigidez. Después desaparece, igual a como llegó, de arriba hacia abajo.

—Es difícil de explicar –agregó el comisario– Puede que el asesino, o su cómplice, la haya creído muerta, y desesperado, la dejó allí botada inconciente, en estado agónico, y ella al final, en su último suspiro, apretó la mano. Puede ser.

En el informe del CICPC, nada de esto se encuentra reflejado, y la Fiscalía tampoco se detuvo en este detalle, que igual resultaba especulativo.

El comisario tenía además observaciones sobre otros aspectos. «¿Por qué no hay testigos? El cómplice necesario para haber cargado el cuerpo, no aparece. Hay un período –más de dos horas– en las que el sospechoso no tiene coartada, y luego de ese tiempo, refiere que se encontró con una amiga, único testigo, que por la cercanía, es jurídicamente objetable».

Lo que no sabían ni el detective ni la patóloga es que el comisario había efectuado sus propias pesquisas.

—Frente a Clineuci, está la clínica psiquiátrica El Cedral, y unos metros cerca, varios hoteles. El consultorio tiene dos entradas, dos puertas ubicadas muy cerca que dan a la calle. Algún testigo debe haber visto cuando colocaron un cuerpo, o una bolsa contentiva de la víctima, dentro de un vehículo, ¿verdad?

—¿Por qué no se encontró un testigo? –preguntó el comisario– ¿Por qué yo sí me pude enterar de que una psiquiatra que comenzaba su turno a las nueve de la noche en El Cedral, y su novio, un oficial de la Fuerza Armada, vieron al sospechoso azorado junto a otro sujeto, tratando de ingresar un bulto a la fuerza, en la maleta de un vehículo sedán oscuro? Llamó la atención la dificultad para cerrar la maleta que obligó al acompañante del psiquiatra a hacer un importante esfuerzo. Un tercer personaje destaca que Chirinos se habría asomado varias veces nervioso, a la calle a través de su puerta privada, vigilando o esperando a alguien. Además, el psiquiatra presionó a un empleado de seguridad de la clínica El Cedral para que firmara una carta en la que aseguraba que jamás lo había visto colocar un cadáver en la maleta de su carro. ¿Será verdad que le ofreció 35 millones de bolívares? La directiva de la clínica tuvo que mandar al señor un tiempo de vacaciones, para que el psiquiatra lo dejara tranquilo. El tema de los carros. Si Chirinos restregó las maletas de frutas para confundir el luminol, pues, ¡yo me quedo con esos vehículos y los desarmo completos! Porque en algún lado voy a encontrar rastro de sangre. ¡Pues no lo hicieron! ¡Se los devolvieron a Chirinos! Personal del consultorio dijo que Chirinos andaba con el tema de preguntar cuánto dura la sangre en la alfombra. ¡Dicen que llegó a considerar cambiarlas por unas nuevas! Imagino que alguien sensato se lo impidió. Pero, ¿qué quiere decir eso? Otro aspecto es lo de los famosos zarcillos. Muy mal llevado. Ellos colectaron un zarcillo en la morgue, es decir, Roxana lo tenía en su oreja, y se lo quitaron. Pero lo hicieron sin antes fijarlo fotográficamente. Luego, en la inspección del consultorio encontraron uno, que después lo comparan con lo que se llama experticia de acoplamiento, y concluyen en que son igualitos. Mi observación es que podría generarse la duda, porque no hubo foto de la víctima con el zarcillo puesto. Al menos yo no la ví. Es cuestión de rigor procesal. Y una cosa más: hay unas llamadas que entran y salen del aparato celular de ella, después de muerta. CICPC no chequeó el origen o destino de esas llamadas. Porque lógicamente pueden entrar muchas, la mamá, hermana, amigos, que la estaban tratando de ubicar. Es posible que hayan lanzado el celular en un pote de basura y vino un ladrón y lo utilizó para hacer llamadas posteriores. Pero igual hay que saber. Eso no se precisó. Sólo se supo que el teléfono estaba por los alrededores de Chacaíto.

El detective y la patóloga se quedaron boquiabiertos con la información que manejaba el comisario Orlando Arias.

Las dudas respecto al protocolo de autopsia, tal como lo había advertido la forense Pagliaro, llevaron a realizar la exhumación al cuerpo de Roxana Vargas, el 29 de agosto. Dos días antes, se había cumplido el levantamiento planimétrico para la reconstrucción de los hechos en el consultorio del psiquiatra. En la exhumación, estuvieron presentes los funcionarios del Ministerio Público designados para la evaluación del cuerpo, que había sido enterrado en el Cementerio General del Sur en Caracas. También estaban los familiares más cercanos de Roxana, encabezados por su mamá, Ana Teresa. La defensa de Chirinos estuvo presente, igual que los medios de comunicación.

La exhumación es un recurso de las partes, al cual se

apela cuando existe confusión sobre la causa de muerte de la víctima. El cadáver se saca de donde está enterrado y allí se analiza. Con Roxana, la duda era la herida. Era necesario determinar de dónde había salido la sangre encontrada en el consultorio del médico. En principio se iba a realizar con funcionarios de Caracas, pero después la Fiscalía cambió de opinión y designaron a profesionales de Los Teques. La comisión la integraron: odontólogo, antropólogo, patólogo, fotógrafo, ayudante de autopsia y todos sus técnicos. El cuerpo es examinado en el cementerio. Se trata de resolver ahí, para volver a meter el cadáver en la urna. Los abogados defensores asistieron, luego de asentar su protesta porque no se les había entregado el protocolo de autopsia. El proceso se inició con la ubicación de la fosa. Se colocan los linderos donde está ubicada, se toman fotografías del lugar en el que fue enterrada, y luego los sepultureros sacan la urna y se coloca en un sitio cercano donde se pueda trabajar.

A los presentes les llamó la atención que el cadáver estaba desnudo. El pelo de Roxana destacó entre el triste espectáculo de su cuerpo deteriorado, que después de la autopsia no había sido suturado porque con tal estado de descomposición la piel no resistía la tensión del pabilo. Sin embargo, sus piernas se conservaban bastante bien, como si fueran de otro cuerpo. La cabeza era el centro de atención. Separaron el cuero cabelludo, y se tomaron muestras de la piel sobre las lesiones que en efecto tenía. Abrieron el cráneo y allí apareció una fractura, muy visible. Sobre la misma, la polémica se estableció de inmediato. Para la defensa, podía haberla producido el forense, que ante las difíciles condiciones en las que trabaja había palanqueando el hueso para su análisis, con un martillo y un cincel. De ser cierto este argumento, la fractura del hueso no tendría impregnación hemática porque habría ocurrido después de que Roxana muriera. De lo contrario, de encontrarse sangre en el hueso, la fractura habría sido con Roxana viva, y posiblemente sería la causa de su fallecimiento. Para establecer eso, estaba la exhumación.

Los representantes del Ministerio Público estaban seguros de que la evaluación de los expertos determinaría los golpes que habían causado la muerte de Roxana y las áreas donde se había generado su sangramiento.

Los técnicos convinieron en llevarse la cabeza. Con unos cuchillos especiales cortaron entre vértebra y vértebra. Ya en el laboratorio la cabeza se procesa, con más y mejores recursos; se pone a hervir en cloro y cal, y queda limpia y blanca. Así se puede determinar la presencia de impregnaciones hemáticas y las fracturas. Las muestras de la piel las mandaron al Hospital Oncológico para su análisis.

Luego de la exhumación, el equipo de profesionales determinó que Roxana había sido objeto de severos y repetidos golpes en su cabeza, que habían generado por lo menos siete lesiones con impregnaciones hemáticas que confirmaban que tales maltratos los recibió con vida. Hasta su maxilar derecho lo tenía lesionado. Uno de los expertos llegó a expresar que la cabeza de la joven había sido aplastada. La evaluación probaba además que Roxana sangró en el lugar donde fue asesinada.

El último trimestre de 2008 fue muy activo para la defensa del psiquiatra. Desde las primeras actuaciones del Ministerio Público, el equipo encabezado por Juan Carlos Gutiérrez había denunciado vicios en el procedimiento. Por eso introdujeron recursos ante el tribunal 48 de control y el Tribunal Supremo de Justicia. Los abogados insistían en denunciar limitaciones para conocer el contenido del expediente y otras variaciones de violación a la ley, en perjuicio del procesado.

El tribunal 48 declaró sin lugar la solicitud de nulidad interpuesta por la defensa el 24 de septiembre, y el 3 de noviembre la sala 3 de la Corte de Apelaciones del área metropolitana declaró sin lugar el amparo constitucional presentado por los abogados, con el que solicitaron la nulidad de las actuaciones del Ministerio Público alegando que fueron violados los derechos del imputado a ser escuchado.

El alto tribunal determinó que la Fiscalía no había violado esos derechos constitucionales, y los fiscales recordaron que en dos oportunidades Chirinos se había acogido al precepto constitucional que lo exime de declarar.

Que en los tribunales se cometieran atropellos contra un procesado no era novedad. Extrañaba, sí, que le ocurriera a Chirinos, personaje ligado al oficialismo, con amigos e incluso pacientes vinculados al Gobierno. Para nadie era un secreto que durante la gestión de Hugo Chávez la justicia en Venezuela se había convertido en instrumento de persecución política. Pero esa no era la circunstancia del psiquiatra.

El problema para Chirinos y su defensa no sólo era su posible responsabilidad en el homicidio contra Roxana Vargas. Al psiquiatra le había llegado el momento de confrontar denuncias numerosas que comenzaron a circular, en especial vía Internet, sobre abusos sexuales cometidos por el médico en ejercicio de funciones. El juicio moral comenzó a cobrar una fuerza impresionante. En cualquier esquina de Caracas surgía un personaje que, verdad o no, aseguraba conocer a alguna paciente que había sido abusada por el psiquiatra Chirinos.

«Pasaron 40 años desde que este deleznable médico utilizó las mismas prácticas con mi hermana, también una joven saliendo de la adolescencia y quien finalmente se suicidó», fue uno de los textos que rodó por Internet.

No todas las denuncias circulaban de manera anónima. Además de la señora alemana de 70 años Gysela Klynger, quien presentó evidencias de haber sido violada por el psiquiatra, el CICPC registró el testimonio de la mamá de una víctima adolescente de 17 años. Su hija había sido paciente de Chirinos entre mayo y octubre de 2007. Cinco veces fue al consultorio con su mamá, quien contó: «En las cinco consultas le hizo terapia de sueño. Pero en la última, sangró por la vagina y no la llevé más. Chirinos nunca me dejaba entrar, él me mantenía fuera, en el consultorio, y a mi hija la metía en un cuartito en el que sólo se veía quién entraba.

Mi hija salía atontada. Una vez me comentó que la desnudó, que le tocó los senos y que le dijo que tenía las piernas muy lindas. Yo pensé que era parte del examen médico. La inyectaba en el brazo. Después de que mi hija sangró, tuve un mal presentimiento. Ese día, mientras esperaba a mi hija en la consulta, conocí a la mamá de Roxana, quien al día siguiente me llamó porque su hija tenía síntomas parecidos. Espantada, más nunca llevé a mi niña a ese lugar. Y no denuncié a Chirinos, porque ese señor es de poder», dijo la madre denunciante.

Carmen Guédez, autora de un blog llamado Tinta Indeleble, se convirtió en colectora de denuncias contra el psiquiatra. Ella misma dijo saber de un caso oscuro: «Un chico del que no se conoce qué sucedió, porque Chirinos lo entregó a su familia –luego de una consulta inusual de seis horas– con un paro respiratorio. El caso me fue narrado por su hermana, con pruebas de la hospitalización urgente que necesitó su hermano».

La defensa insistía en que el psiquiatra no estaba siendo juzgado por su comportamiento en el ejercicio de la medicina, sino por un supuesto homicidio. Entretanto, comenzó la ruta del diferimiento de la audiencia preliminar, que es el paso en el que un tribunal decide si hay elementos para llevar al imputado a juicio, o no. Sólo Chirinos y sus amigos parecían confiados en que el juez no encontraría elementos para procesarlo. La defensa no sólo estaba bastante clara de lo que decidiría el tribunal de control, sino que había expresado su aspiración de que su defendido fuese llevado a juicio, «para demostrar en el proceso su inocencia».

La primera audiencia estaba fijada para el 8 de diciembre y se suspendió por huelga de tribunales. Ya para la segunda audiencia, la defensa tenía la solicitud de una evaluación médica para el psiquiatra, por la dolencia de una hernia inguinal. Chirinos fue operado en la última semana de enero. Siete veces más fue diferida la audiencia preliminar. En el camino, el 24 de abril de 2009, el Tribunal Supremo de Justicia había declarado inadmisible otra solicitud de nulidad presentada por la defensa, que alegaba que a Chirinos se le había vulnerado el derecho al debido proceso.

Fue el 27 de mayo cuando finalmente el tribunal 48 de control determinó que sí existían elementos de convicción suficientes para iniciar el juicio contra Edmundo Chirinos. La juez, tras evaluar los elementos de prueba presentados por el fiscal 50 del área metropolitana, Pedro Montes, decidió llevar a juicio al psiquiatra, por la comisión de homicidio intencional, previsto y sancionado en el artículo 405 del Código Penal, en concordancia con el 65 de la Ley Orgánica sobre el Derecho de las Mujeres a una Vida Libre de Violencia.

El tribunal mantuvo el arresto domiciliario y la prohibición de salir del país que habían sido acordadas el 1 de agosto, por el tribunal 18 de control.

La audiencia tuvo que realizarse en dos días por lo extenso de los argumentos de la Fiscalía, que presentó 109 elementos para la acusación.

Para la fecha de la realización de la audiencia, el psiquiatra había cambiado de estrategia. Un mes antes, Chirinos sorprendió con una modificación en el equipo de su defensa. Sustituyó a casi todo el trabuco profesional jurídico y de expertos que había designado, conformado por los abogados Juan Carlos Gutiérrez, Claudia Mujica y Alberto Yépez, y los consultores técnicos Daisy Cañizales, Antonieta de Dominicis y Luis Godoy. El médico había decidido incorporar al abogado José de Jesús Jiménez Loyo. Sólo mantuvo por un tiempo a Juan Carlos Gutiérrez, y lo hizo, según manifestó en privado, porque estaba empapado de todos los pormenores del caso.

A Chirinos lo que le interesaba de Jiménez Loyo eran sus relaciones con el Gobierno.

Se trata de un abogado peculiar, que en voz alta en los pasillos de los tribunales, engalanado con sortijas y cadenas de oro, se atribuye las mejores relaciones con la élite del oficialismo. A tal punto que su nombre alguna vez fue mencionado para incorporarlo como magistrado al Tribunal Supremo de Justicia. Jiménez Loyo ha sido el abogado de Nicolás Rivera –enjuiciado y absuelto por el caso de los pistoleros de Puente Llaguno (delito relacionado con los sucesos del 11 de abril de 2002)–; de Lina Ron; del jefe del Colectivo La Piedrita, Valentín David Santana (a quien le atribuyen un homicidio); del ex Alcalde Metropolitano Juan Barreto y de los diputados Reinaldo García e Iris Varela. El éxito de sus relaciones en los tribunales ha llevado a una variedad de personajes a contratar sus servicios, como lo hizo el compositor y cantante Hany Kauam, a quien la estrategia le funcionó.

La especulación reporteril destacó de inmediato el manejo político que el psiquiatra había decidido darle a su caso. Apelaría entonces a su condición de chavista. Por eso, en la audiencia preliminar se hizo acompañar por Elio Gómez Grillo, abogado veterano, también vinculado al Gobierno y quien ya había hecho públicos comunicados a favor del psiquiatra. Sin embargo, el estilo de Jiménez Loyo no era del gusto de Chirinos. «Demasiado ordinario», llegó a expresarse sobre él. Esa relación terminó mal. Para octubre, el abogado acabó demandando a su cliente por emisión de cheques sin fondo y por fraude. Refería que Chirinos había enviado a Estados Unidos una emisaria llamada María Texeira con un cheque suscrito por ella por 100 mil dólares, el cual le había sido devuelto. Además, Jiménez Loyo consideró que el psiquiatra le debía 1.5 millones de bolívares –de los llamados fuertes– por honorarios ganados en el desarrollo de su defensa. Agregó que de no ser cancelada de inmediato tal cantidad solicitaría el embargo de sus bienes.

Chirinos había decidido reactivar sus relaciones con el chavismo y un evento que no trascendió apoya esa teoría. Un personaje, identificado como Dani Lezama, había aparecido en una ciudad del estado Bolívar cobrando un cheque por un monto cercano a los 400 mil bolívares fuertes. El emisor del cheque era el psiquiatra. El personaje, investigado después como estafador al intentar engañar al banco y cobrar dos veces el cheque, se atribuía ser facilitador en las relaciones con importantes personalidades del oficialismo, o muy cercano a ellos, entre otros, José Vicente Rangel y José Jiménez Loyo. Después Chirinos lo denunció por estafa. Si es cierto o no que Chirinos pagó los servicios de Dani Lezama, queda por aclararse. Lo que sí fue realidad, es que poco tiempo después, el psiquiatra había contratado a Jiménez Loyo como su abogado, aunque por breve tiempo.

Finalmente, después de tanta inestabilidad para seleccionar su equipo defensor, Chirinos se inclinó por el ex fiscal Gilberto Landaeta, conocido por participar en las investigaciones del asesinato del fiscal Danilo Anderson. Luego de ello, Landaeta había salido obligado del Ministerio Público, al ser, según medios de comunicación, protagonista de un par de escándalos; mas después, con suerte, había devenido en defensor penal privado de conocidos oficialistas, con relativo éxito.

El 29 de mayo, los deseos de Chirinos de acercarse otra vez al Gobierno parecieron comenzar a verse recompensados. El presidente Hugo Chávez se refirió a él. Fue en su programa Aló Presidente, ese día transmitido desde El Calvario, lugar histórico ubicado en el centro de la capital. En ese momento había una polémica entre Chávez y un grupo de intelectuales encabezados por el escritor Mario Vargas Llosa, invitados a Caracas para un seminario organizado por Cedice, institución enfrascada en temas de interés nacional. Los oficialistas habían realizado un foro paralelo, tratando de minimizar los efectos de las opiniones de tan ilustrados visitantes sobre la realidad venezolana. Chávez había anunciado estar dispuesto a debatir con ellos en defensa de su Gobierno. El grupo decidió que el interlocutor del Presidente sería el escritor peruano, pero casi enseguida, Chávez se arrepintió de su oferta de diálogo, con el argumento de que haría un tú a tú con Vargas Llosa tan sólo si éste llegaba a ser Presidente de Perú.

En medio de esa circunstancia, Chávez, en uno de sus tantos cuentos que gusta compartir con su obligada audiencia, recordó una oportunidad en la que él era candidato a la presidencia, y Luis Alberto Machado −conocido intelectual venezolano− lo había retado a un debate. En ese entonces, designó para que lo representara a Edmundo Chirinos.

Chávez narró, sudado, en una mañana cálida de Caracas, al aire libre y atosigado con su chaleco antibalas oculto bajo tela roja: «A mí se me ocurre, Dios mío, y a quién llamamos ahora, ¿quién, tú?, no, yo no, (risas), entonces llamamos a este hombre que fue un buen amigo, que entró en desgracia ahora, Edmundo Chirinos; entró en desgracia lamentablemente en lo personal. Ahora, las cosas de la vida, Edmundo, desde aquí lo saludo, ¿por qué no, verdad?, fue un buen amigo, un buen amigo, fue un rector de la Universidad Central, un intelectual. Bueno, Edmundo, llamamos a Edmundo, porque Edmundo y este Machado tienen más o menos la misma personalidad, el mismo tipo de gente, ¿no? Así de... son espelucaos (risas), entonces dicen cosas y tal. Edmundo aceptó, chico, al día siguiente fue. ¿Ustedes no vieron eso? ¿El debate entre Edmundo Chirinos y Machado? Mira, pasen eso (el programa era *La Silla Caliente*, que transmitía Venevisión, moderado por Oscar Yánez), pásenlo en *Dando y Dando* (programa que transmite VTV); eso es pa'reírse y morirse de la risa, porque Edmundo se ponía, Edmundo se ponía así (imita un gesto pensativo)... Yo llamé a Edmundo y le dije Edmundo, mira, ¿tú aceptas? "Yo voy, y lo que voy a hacer, es que lo voy a tratar como paciente" (risas). Él es psiquiatra y así lo hizo. Y Edmundo se quedaba mirándolo así, fijo, y aquel hablaba de no sé qué más, y decía, eso es signo de paranoia; no sé qué, y tá, tá, tá, tá (risas). Y así lo tuvo todo el programa. El pobre hombre salió como loco de verdad. Lo volvió loco (risas), Edmundo Chirinos. Oye, Vargas Llosa, no tengas miedo, que yo estoy seguro de que Britto García no te va a aplicar la estrategia que le aplicó Edmundo Chirinos a... ¿cómo se llama? (risas)».

Esta intervención de Chávez fue apenas un par de días después de la decisión del tribunal 48 de control de llevar al psiquiatra a juicio. En tribunales se sintió de inmediato su efecto. Jiménez Loyo, todavía en la defensa, se mostró optimista y anunció que renunciarían a la posibilidad de un juicio con escabinos para que «sea un juez profesional quien dictamine, y así salga rápido de ese juicio Edmundo Chirinos».

El psiquiatra, en su casa, recuperó la compostura que parecía estarse desvaneciendo. En menos de 24 horas había pasado de la atribulación a acariciar la idea de la libertad. Chirinos conocía muy bien este país. «Voy a salir pronto de esto», aseguró sin poder ocultar la sonrisa de lado que le caracteriza.

CAPÍTULO III

La embriaguez los envolvía con un manto sensual y tentador. Era de esas noches perfectas. Chirinos había propuesto su apartamento en Sebucán para disertar sobre su eventual opción al rectorado, en un segundo intento. Los dirigentes estudiantiles recibieron la invitación con entusiasmo. Algunos habían asistido a otras tertulias en ese *penthouse*. Todos coincidían en lo dispendioso del anfitrión. El bar, pleno y variado, y la cocina sofisticada. Lo mejor era la música. Sobre ella, Chirinos desplegaba sus mayores conocimientos, adobados con anécdotas y detalles de personajes famosos del jazz y sus orígenes en Mississipi, el bossa y Brasil, el bolero y el Caribe, o el Rat Pack con Frank Sinatra a la cabeza, en los cuales siempre él era el protagonista; por lo tanto eran historias difíciles de creer, pero eso no importaba.

Chirinos necesitaba aglutinar la mayor cantidad de apoyos internos de la izquierda universitaria para lograr su candidatura al rectorado. Los estudiantes eran decisivos.

Whisky, vodka, champaña, vino. Muchos de ellos cometieron el error de mezclarlos. Transcurridas un par de horas, lo de menos era la discusión política. Los barrocos, Silvio Rodríguez y María Bethania rebotaban en sus corazones. Alguna referencia nebulosa tenían del anfitrión que parecía flotar con comentarios adecuados o apreciaciones inteligentes, dirigidas para cada uno de los jóvenes invitados. Zalamero y gentil. A unos cuantos les mostraba el baño de su casa y la variedad de cremas y perfumes que ya hubieran sido exagerados en posesión de una mujer. Telas, cojines, sábanas de seda, aromas, el *Kama Sutra*, son recuerdos borrosos en los cerebros adormecidos de los asistentes, saturados de placeres.

Así llegó el amanecer del día en que la dirigencia estudiantil y profesoral de los partidos de izquierda decidía quién sería su candidato a través de unas primarias. Se buscaba un contrincante de peso para enfrentar al temido y poderoso Piar Sosa, a quien lo apoyaba la cúpula de Acción Democrática y otros partidos cercanos a la derecha. Chirinos pretendía polarizar con Piar Sosa, agrupando los apoyos de la izquierda. Pero entre algunos tenía rechazo. La invitación de la noche anterior era para convencer a los muchachos, que habían manifestado resistencia a su candidatura.

A la mañana siguiente, casi todos los dirigentes estudiantiles que habían asistido donde Chirinos llegaron tarde, o no llegaron. Se habían quedado dormidos. Quienes se oponían a su candidatura no pudieron exponer su argumentación. La resaca se los impidió. El psiquiatra había dispersado a la fuerza estudiantil que le hacía resistencia y logró la candidatura al rectorado.

Antes, Edmundo Chirinos había sido decano de Humanidades. Roberto Ruiz y José *Ché* María Cadenas ya eran amigos del psiquiatra desde la década del 60, aunque ambos tienen muchos años, más de 15, sin contacto frecuente con él.

La amistad entre Roberto Ruiz y Chirinos se sustentó sin duda en su relación profesional –ambos psicólogos y profesores– pero de manera especial en la rumba, la bohemia, los viajes y las mujeres.

Ruiz, quien también fue decano de la Facultad de Humanidades de la Universidad Central de Venezuela, habla con prudencia de su amigo, aun cuando destaca algunos elementos de su personalidad. «Nunca se levanta antes de las diez de la mañana, aunque eso lo equilibra trabajando hasta tarde. Es un seductor, con hombres y mujeres. Le encanta invitar. Siempre tuvo una ventaja económica sobre el resto de sus colegas, que éramos profesores. Amigo y solidario. Tiene una virtud, no es rencoroso. Muy solo. Poco expresivo sobre su familia y sus relaciones amorosas. Yo conocí a su mamá, que vivía en Campo Claro, en una casita. Edmundo la adoraba. Sé que tenía unos hermanos, pero apenas los nombraba. Después se murió su mamá y eso lo afectó razonablemente. Del papá nunca supe nada; cosa extraña, nunca habló de él. No tengo idea de qué pasó ahí, si se quedó en Churuguara, no sé. Su grave problema es que no puede ver una mujer porque se le tira encima. Bueno, nosotros lo veíamos como problema, él no. Tal vez por eso terminó así».

Ché María Cadenas, también profesor y psicólogo, coincide con Ruiz en destacar los valores de amistad de Chirinos. Comenta lo poco que hablaba de sus padres aunque llegó a conocerle una hermana que después falleció. No recuerda haber visto a Chirinos bailar, pero está seguro que de hacerlo optaría por un bolero pegado. De sus relaciones de pareja, menciona sólo dos: la psicóloga clínica Felícitas Kort –la única mujer con la que se casó– y una arquitecta llamada Elsa, que también un día se fue. Admira en él su capacidad creativa, pero no puede ocultar su preocupación por su tendencia a mentir, «o tal vez a exagerar ciertos hechos», suaviza con condescendencia.

Ni Ruiz ni Cadenas observaron en Chirinos rasgos de violencia. Sí destacan una gran depresión en su vida: la primera vez que aspiró al rectorado. Venía de una gestión exitosa como decano de Humanidades –había fundado la escuela de Artes con el *charm* que le encantaba– y se midió con Carlos Moros Ghersi.

«Supongo que le resultó terrible porque sólo perdió él; el resto de su equipo ganó completo. Eso no es nada común. Entraron al Consejo Universitario Ángel Hernández, Carmelo Chillida e Ildefonso Plalsenti. Era su equipo, y todos ganaron menos él. Recuerdo que vivió profundos momentos de depresión. Un hombre con ese tipo de personalidad, que siempre ha estado en la pomada, se vio muy afectado. Tanto que se jubiló. Él sentía que ganar el rectorado era un escalafón que merecía. Logró reponerse y a los cuatro años lo alcanzó», recuerda Cadenas.

Chirinos comenzaba a acariciar el triunfo en su segundo intento. Nada disfrutaba más que tener el control. En la política prefería grupos pequeños, a cuyos miembros dejaba expresarse a sus anchas. Llegaba a mejores resultados. Procuraba transmitir la sensación de intimidad, de confidencia, de placer. Con hombres y mujeres era por igual de cautivador. A muchos les confundía su sexualidad, aun cuando se desconocían historias de él con hombres, mientras que sus relaciones con las mujeres causaban envidia en el mundo masculino. A veces parecía que la confusión de su imagen sexual era premeditada.

La docencia la venía ejerciendo desde que era estudiante. Gustaba de cautivar masas que estuvieran subordinadas a él. Para ello, nada mejor que un grupo de alumnos. Ese había sido su mejor escenario para la política. Y para sus extrañas y complejas relaciones humanas.

Chirinos fue un dirigente estudiantil desde la época de la dictadura de Pérez Jiménez. Cursó de manera casi simultánea Medicina y Psicología. La visión de su protagonismo en la caída del dictador es completamente diferente a la de los testigos de los hechos. En el recorrido de la vida de Chirinos suele suceder así. Él se ve muy importante y el resto del mundo lo aprecia como un participante más, o con menor relevancia a la que él se atribuye. «Bueno, él cuenta cosas que pueden tener algo de ciertas, pero no todo. Él exagera algunos hechos y crea situaciones medio fantasiosas. Lo que no sé, es si últimamente fabula más», dijo un afectuoso profesor que coincide con Cadenas.

Una discreta sorna aflora con algunas leyendas que ha tratado de imponer el psiquiatra en el mundo universitario.

Una de ellas, su relación, mientras vivía en Londres, con el filósofo Bertrand Russell. Mientras Chirinos insiste en que Russell fue su paciente, quienes compartieron vida académica con él, lo desmienten. «Uno sabe quién era Bertrand Russell, ja, ja, un hombre brillante. ¡No iba a buscar que lo atendiera un estudiante, y para más sudaca, un muchacho, pues!». La historia, según sus conocidos, parece que se reduce a encuentros casuales en un parque, y a la solicitud de Russell a Chirinos de enviar, a través de él, un documento a Venezuela.

La interpretación de los amigos psicólogos de Chirinos sobre esa manera tan particular de dilucidar la realidad tiene que ver con su personalidad ególatra, un tanto mitómana.

Relata por igual hechos del pasado inmediato –como su relación con el presidente Chávez–, o remotos –como la caída de Pérez Jiménez–, con una distorsión insólita, que lo coloca a él a la cabeza de las decisiones del poder. «Dice por ejemplo, que él nombró como primer Ministro de Educación post dictadura, a Julio De Armas, y a Francisco De Venanzi, rector. Por supuesto que eso no fue así. En la decisión, pudo haber tenido una participación, haber opinado como representante estudiantil del frente de resistencia contra Pérez Jiménez. Pero hasta allí. Lo otro es inimaginable», enfatizan con severidad testigos del momento, entre ellos, el político Teodoro Petkoff.

En muy poco tiempo se incorporó como profesor de la escuela de Psicología en la cátedra de Neurofisiología. Ya había caído el régimen.

Siendo profesor, se casa por única vez en su vida. Matrimonio fugaz. Sus amigos recuerdan a Felícitas Kort como muy hermosa. Le decían «la Pupi».

—El papá de ella era violinista de la Orquesta Sinfónica de Venezuela y se oponía a esa relación. No sé si lo hacía por razones religiosas, eran judíos. Se van a Londres, él a estudiar al Instituto de Psiquiatría. Pasan como ocho o nueve meses, y regresan y se divorcian. Él no terminó el postgrado, el master de Psicología Clínica. Se incorpora como profesor, y ahí se estrecha nuestra relación –recuerda Roberto Ruiz– Dábamos clases a la misma hora y militábamos en el Partido Comunista. Nos unía una amistad de vínculos académicos, de afinidad con la política de izquierda. Y a los dos nos gustaban mucho las mujeres. El tipo es exitoso con ellas. Nos íbamos con amigas o profesoras a Marina Grande y regresábamos a dar clases en el nocturno, o nos veníamos a tomar tragos con otros profesores y profesoras de nuestra escuela, o de otras. En ese momento, él vivía en La California, todavía no había comprado en Sebucán. Ejercía la psiquiatría en la clínica La Coromoto. Tenía entonces más ingresos económicos que nosotros los profesores, y era muy generoso. Durante ese tiempo participamos en la renovación que se produjo en el año 69; todavía él era director de la escuela de Psicología. Una de las situaciones que se vivían, era la protesta contra las autoridades. Edmundo quiso colocarse al frente de los cambios, produjo documentos e hizo intervenciones, pero sin duda la Renovación se lo llevó, porque él era una autoridad más. Eso le pasó a todos los directores, pero en especial a los de la Facultad de Humanidades, donde fue más duro. Todos recibieron el embate de la Renovación. Después vino la intervención de la universidad. La facultad por completo se convirtió en un bastión de lucha. Félix Adam fue designado interventor, y luego ejerció como decano electo por un período de tres años. Chirinos jugó un papel importante en la pelea académica dada en esa época, como representante de los profesores en el Consejo de Facultad. Recuerdo que quien compitió contra Félix Adam, y perdió, fue Héctor Mujica, encabezando los factores de centro izquierda. Luego Edmundo se lanza para enfrentar al candidato del Gobierno, es decir el de la intervención, y le gana a Antonio Castillo Arráez.

Chirinos quería ser rector. Estaba obsesionado con eso. Y ganó. Para muchos, el psiquiatra no triunfó, sino que perdió Piar Sosa. Pero esa puede ser una manera mezquina de interpretar los hechos. Chirinos arranca su gestión con unas decisiones audaces y renovadoras, como la construcción de la Plaza del Rectorado, pero su estilo personalista causó de inmediato escozor en profesores y estudiantes. Además, a los jóvenes les molestaba la manera como Chirinos había estrechado relaciones con la Fuerza Armada –coordinó actividades conjuntas dentro de la universidad– y en general, se mostraba muy cercano al gobierno de Jaime Lusinchi y su partido Acción Democrática.

Y entonces ocurrió la llamada «masacre de Tazón». La decisión de solicitarle al Ejecutivo detener la movilización de estudiantes que se trasladaban de Maracay a Caracas la tomó estrictamente solo, sin consultar a sus amigos ni al equipo rectoral. Chirinos fue despreciado. Había corrido la sangre de 35 estudiantes –afortunadamente heridos, sin muertos–, y el rector se había comportado de espaldas al sentimiento universitario.

Roberto Ruiz y *Ché* María Cadenas se unieron al coro de reclamo. Lo acusaron de sufrir delirio de poder. La mayoría del mundo universitario exigía su renuncia. Chirinos se movió hacia la política nacional y procuró apoyo de jefes de la izquierda. Intentaba mantenerse en el cargo. Al final, Chirinos no tuvo más alternativa que solicitar un largo permiso que lo ausentó durante casi toda su gestión.

«Fue muy irresponsable. Edmundo hace las cosas sin tener conciencia de las consecuencias. Actúa de manera impulsiva. Él tiende al delirio cuando tiene poder», opina, casi como un diagnóstico, Roberto Ruiz.

Durante su gestión de rector, a Chirinos se le ocurrió ser Presidente de la República. Creía que podía ganar. Petkoff recuerda un encuentro con el psiquiatra durante esa época: «Me invitó a almorzar en el Rectorado y me estuvo explicando por qué él iba a ganar las elecciones. Su argumento me dejó estupefacto. Me dijo: "Yo cuento con el voto de los estudiantes universitarios". Chirinos hizo el cálculo de unos 500 o 600 mil, más su familia, y me aseguró: "Ese es mi punto de partida". Yo lo escuché asombrado y le dije: "Edmundo, ¿tú me estás hablando en serio, o es una apreciación caprichosa?" "No, no", me respondió. "Te estoy hablando perfectamente en serio. Voy a ser el candidato de la unidad de la izquierda. Y yo voy a ganar estas elecciones". Entonces me di cuenta de lo desenfocado que estaba ese hombre y de su apreciación absolutamente delirante».

La derrota de Chirinos fue tan contundente como anunciada. Todavía él asegura que le hicieron trampa para arrebatarle su triunfo. «La misma megalomanía –argumenta Roberto Ruiz–, sus amigos le decíamos que era una locura y él se veía con posibilidades».

A trompicones Chirinos entrega el rectorado luego de su abortado intento presidencial, y no vuelve más a la universidad. Se dedica totalmente a la psiquiatría. Y a producir dinero. Continúa ejerciendo en la clínica La Coromoto en Sebucán –muy cerca de donde vive ahora– y luego, junto a un grupo de respetados psiquiatras, funda El Cedral.

De El Cedral era socio. En este centro, donde mantuvo hasta poco antes del crimen de Roxana Vargas una consulta una vez a la semana, nadie expresa hacia él algún afecto. El Cedral queda justo frente al lugar señalado por la policía como el lugar del asesinato, la clínica Clineuci, propiedad del psiquiatra, quien por practicidad compró allí, para utilizar el área de hospitalización que le brindaba ese lugar.

En El Cedral se nota un trabajo de ampliaciones continuas que revelan un éxito gradual. Una casa de esas viejas en La Florida, con áreas verdes internas y con vericuetos de espacios laberínticos que terminan siendo consultorios psiquiátricos o salas de hospitalización. Sorprende que aún de día haya silencio. Se parece más bien a la tranquilidad de un cementerio. Lo que sí se siente es el trajinar de personal que anda con esos pasos apurados, asépticos, levitando unos centímetros sobre el piso, con la prisa de asistir a una operación y deseando no ser percibidos. El Cedral es una clínica psiquiátrica importante. Y allí ya no quieren a Chirinos.

Comenzaron a rechazarlo hace ya bastantes años, algunos hablan de veinte, otros afirman que desde el ascenso de Chávez al poder. Fue imposible conseguir siquiera una referencia benévola hacia él. Al contrario, abundan los denuestos. Las razones varían. El personal de menor nivel económico se refiere a él como déspota, en especial durante la época en que se decía era el psiquiatra de Chávez, cosa que todos desmienten. Allí, a la clínica, el Presidente nunca se fue a ver. Su ex esposa Marisabel sí estuvo en varias oportunidades. De cualquier manera, Chirinos utilizaba el nombre de Chávez como si cargara un perro *pitbull* hambriento.

Entre sus colegas y personal técnico, la descripción se va tornando más delicada, al tiempo que más hostil. Sugieren allí investigar en archivos de los organismos policiales de hace veinte años o más, denuncias por abuso sexual del psiquiatra. Le objetan en el ejercicio de la profesión un par de hechos de interés para los conocedores. Por un lado, califican de irresponsable la manera tan ligera como aplica la terapia electro convulsiva –que debe cumplir con los rigores de la asistencia de un anestesiólogo, y él no lo hace porque dice que él lo es– y las falsedades que ha emitido sobre la misma, entre otras cosas, que origina sangramiento. También difieren en la facilidad y frecuencia con la que Chirinos prescribe algunos fármacos, entre ellos la clozapina, con nombre comercial Lecomex, que sin menoscabar su eficacia en el tratamiento de la esquizofrenia, requiere de un delicado y estricto seguimiento por sus efectos secundarios.

Algunos otros ex compañeros de trabajo de Chirinos aseguran que «ha sufrido un marcado deterioro cerebral en los últimos diez años». Mencionan escenas en medio de los pasillos, envío de papelitos amenazantes, rasgos paranoicos, peleas inadecuadas con el personal, conflictos con médicos, en especial jóvenes, a quienes exigía respeto narcisista, y una marcada agresividad.

Hay cuentos que, como mínimo, demostrarían ausencia de decoro. «Aún estando aquí el CICPC, investigando el asesinato de Roxana Vargas, Chirinos estaba seduciendo a la hija de 22 años de una paciente de Delta Amacuro que venía acompañando a su mamá».

Pero todo es a título de comentario. Los trabajadores de El Cedral muestran culpa y vergüenza cuando se les pregunta cómo es que si sabían que Chirinos cometía esas tropelías, nunca lo acusaron. «Mientras el denunciante narre violaciones o abusos a su psiquiatra, esa información es parte del secreto profesional; cuando se les sugería que acudieran a alguna autoridad, las pacientes se negaban», argumentan colegas de Chirinos.

Ciertamente, varias consultadas aún prefieren mantener sus testimonios de abusadas como pesadillas enterradas en un inmenso foso tapiado, al tiempo que ruegan la peor de las sentencias para Chirinos. «Que se pudra en la cárcel», es lo más leve que se escucha.

Admiten sus ex compañeros de trabajo, al igual que muchos, que Chirinos es inteligente. Le atribuyen el don de la manipulación, tanto, que aseguran haber conocido gente lesionada por su ejercicio profesional que terminó convencida de su inocencia. En otras ocasiones, pacientes que ante el mínimo intento de acusarlo desaparecían presas de pánico, o mansamente regresaban arrepentidas de haberse atrevido a retar al psiquiatra.

El 12 de julio, cuando asesinaron a Roxana Vargas, El Cedral fue un testigo mudo. Al día siguiente, varios esperaban que trascendiera alguna noticia que involucrara al psiquiatra; así que rato después, cuando se conocieron las acusaciones contra Chirinos, casi ninguno de sus profesionales se sintió sorprendido.

Y es que las dos puertas de la clínica Clineuci están frente a El Cedral, que es mucho más grande. A ambos centros los separa una calle angosta con pequeñas aceras que casi son un borde. Como El Cedral tiene una amplia reja que permite a cualquier observador interno percibir con claridad lo que sucede en la calle sin necesariamente ser identificado, es fácil considerar que lo que ocurrió el 12 de julio, entre las siete y media y diez de la noche, alguien lo vio. Realmente hubo más de uno.

Chirinos sabía que alguien podía haberlo visto; pero erró en la identificación de los testigos. «Se equivocó de personal y presionó a los equivocados», es el comentario de alguien informado. «Según sus conocimientos de El Cedral sobre el turno de los trabajadores, seleccionó los empleados y vigilantes que él pensó podrían haber estado de guardia esa noche, y sobre ellos accionó. Intentó el soborno, y llegó a escribir un texto de una torpeza insólita. Rezaba más o menos así: "Yo fulano de tal, nunca he visto a Edmundo Chirinos introducir en una maleta de su carro ningún cadáver que haya sacado de su consultorio". El empleado tenía que firmar a cambio de una cantidad de dinero», detalla un médico indignado.

La directiva de la clínica admite a regañadientes que para proteger a uno de sus empleados tuvo que enviarlo a su casa, mientras bajaba la presión que sobre él ejercía el psiquiatra. Esfuerzo inútil según sus colegas, porque quienes esa noche lo habían visto eran otros. En El Cedral se habla de tres testigos. Uno del personal de seguridad, y otro del médico. Un tercer testigo externo presenció con más detalle lo que ocurrió en la calle. Ninguno fue interrogado, ni por el CICPC, ni por el Ministerio Público.

Ante la directiva de El Cedral, Chirinos dejó un testimonio escrito, fechado en agosto de 2008, en el que manifestaba su molestia por la ausencia de solidaridad de sus compañeros frente los señalamientos en su contra. El país ya se refería a Chirinos como el psiquiatra asesino. El documento parece un vómito de rabia, sin un punto y seguido. En él, pide que se le invite a la siguiente Asamblea General

Ordinaria pautada para el 21 de agosto. El psiquiatra, ya preso en su casa, contaba para esa fecha con que estaría en libertad. «Quiero exponerles, brevemente pero con rigurosa veracidad, y mirar a los ojos a todos y cada uno de los asistentes a dicha Asamblea, ya que quiero saber, al menos como psiquiatras y hasta como seres humanos, cómo es que han guardado un extraño silencio frente a mi tragedia, al conocer en detalle los injustificados atropellos y vejaciones a los que me han sometido».

También les recuerda Chirinos a los directivos de El Cedral, «su contribución a fundar, dirigir, organizar y hasta otorgar préstamos sin intereses para sus instalaciones, ningún colega se acercó a mí... y han llegado al extremo de obstaculizarme la hospitalización de pacientes en grave estado mental y he debido recurrir a otras clínicas psiquiátricas».

Chirinos siempre había sido percibido por muchos como un transgresor. En el ejercicio de la psiquiatría se jactaba de tener una variedad de pacientes que parecían blindarlo frente a sus devaneos, que incluso le garantizaban aplausos en su transitar por esa *borderline*, que en lugar de faltas o delitos, calificaban como extravagancias.

Con las relaciones que mantenía con dirigentes de alguna izquierda que comenzó a apoyar a Hugo Chávez, hizo una brecha en el muro de su más cercano entorno, a la espera de la primera oportunidad. Y ésta llegó. Chirinos conocía a Luis Miquilena y a Manuel Quijada, calificados en el argot político como «los eternos conspiradores», y a ellos se acercó luego de los dos intentos de golpe del 4 de febrero y el 27 de noviembre de 2002.

Hay varias versiones de la aproximación entre Chávez y Chirinos. Él mismo cuenta más de una —en las que cambian sus roles de protagonismo—, pero pareciera que quien lo acercó al militar golpista y para ese entonces preso, fue Manuel Quijada, quien ante todo lo puso en contacto con el también golpista Hernán Grúber Odremán. El psiquiatra se las habría ingeniado para visitar a Chávez en una ocasión en que se encontraba recluido en el Hospital Militar –era un procesado con todos sus derechos, hasta para ser atendido por una molestia en un ojo, tal como sucedió– y a partir de allí, se explayó. Mientras Chávez seguía en prisión, Chirinos siguió cultivando algunas amistades claves, pacientes suyos realmente, que en el arranque del posterior gobierno ingresaron al gabinete; tal es el caso de Héctor Ciavaldini, quien de ser miembro de la comisión del área energética ascendió a lo más alto en Petróleos de Venezuela.

Apenas Chávez salió en libertad, Chirinos se hizo de cualquier espacio para ofrecer sus servicios como asesor, como acompañante y en especial como conocedor de la psiquis del país, e incluso para abrir algunas puertas a cierta intelectualidad de la izquierda.

La manera como Chirinos describe la relación con Chávez con seguridad molestaría al militar. Lo coloca como dependiente e ignorante, aunque le concede su facilidad para comunicar y aprender.

Hacia Chávez, el psiquiatra establece una estratégica relación. Se gana la confianza de Marisabel Rodríguez, una joven de la provincia que, según su propio testimonio, apenas había tenido la oportunidad de conocer a su esposo Hugo cuando casi enseguida había concebido una niña que se llamó Rosinés. Era de esperarse que en muy poco tiempo, comenzaran las desavenencias entre Chávez y su esposa. Y allí estaba el psiquiatra para mediar, consolar, trabajar y aconsejar. Marisabel consiguió en él la calidez y el consuelo que necesitaba. Confiaba en su destreza profesional. Parecía que ante la indiferencia de Chávez, allí estaba Edmundo Chirinos; y ante la soledad, aparecía su compañía. Comentó la ex Primera Dama que en una oportunidad, cuando tuvo que ser recluida en el Hospital de Clínicas Caracas por una cefalea –rumores de pasillos aseguraron que había sido una golpiza recibida– Chirinos estuvo solícito, pendiente de ella, hablando con los doctores, «procurando todo lo que un buen amigo puede hacer, cuando uno está en cama». Marisabel admite haber permanecido alguna vez hasta 24 horas en la clínica de Chirinos, acompañada de su familia. Hasta la fecha, manifiesta por él un silencio solidario, como tantas otras pacientes.

En el interín, Chávez convocó a una elección para la Asamblea Constituyente en la que terminaron saliendo casi todos los postulados por el oficialismo, y uno de ellos fue Edmundo Chirinos. Marisabel también fue electa constituyente. Compañeros de bancada de ambos, llegaron a comentar con malicia el control que el psiquiatra ejercía sobre la Primera Dama. Chirinos, además de haber presidido la Comisión de Educación y Cultura, se atribuye la autoría de algunas acciones políticas importantes en esta gestión, entre otras la disolución del Congreso Nacional, la creación del Poder Moral y la redacción del proyecto de la Ley de Educación. Quienes compartían responsabilidad con él aseguran que Chirinos exagera. Otros, más severos, califican de mediocre su actuación.

Los líos conyugales entre Chávez y Marisabel se volvieron inocultables. La relación comenzaba a ser un fardo para el Presidente, y la mediación oportuna del psiquiatra para convencer a la Primera Dama de que lo mejor era el divorcio, fue definitiva. Marisabel no sólo se separó. Se fue a vivir a 350 kilómetros de distancia de Caracas –a Barquisimeto– y por mucho tiempo guardó silencio, lo que le pesó una barbaridad, cuando arrepentida quiso retomar la política. Ya se había ganado el desprecio de una mayoría que la descalificaba como cómplice y acomodaticia.

Chirinos, después de la Asamblea Constituyente, mostró cierto despecho hacia el mundo de la política, igual que cuando había sido derrotado en sus aspiraciones presidenciales. Volvió a sus actividades en el ejercicio privado de la psiquiatría, pero siempre a la espera de oportunidades para volver al escenario público. Lo hizo en el año 2006, después del abominable crimen de los niños Faddoul. En febrero de ese año, los hermanos Jevin, Bryan y Jackson Faddoul, de 17, 13 y 12 años respectivamente, habían sido secuestrados junto a su chofer Miguel Rivas, cuando se dirigían a su colegio en la urbanización Vista Alegre en Caracas. Mes y medio después, los cuatro cuerpos fueron encontrados en los Valles del Tuy; sobre ellos se determinó que habían sido torturados y posteriormente ejecutados. El país se paralizó de dolor, lo que obligó al Gobierno a designar una comisión de especialistas que se dedicara a procurar salidas a la crisis de inseguridad y violencia del país. Chirinos fue incorporado a esa comisión. «Accedí porque me llamó directamente Chávez», dijo el psiquiatra en ese momento. De más está decir que la comisión no llegó a nada.

Roxana Vargas sabía muy poco de Edmundo Chirinos cuando lo conoció en octubre de 2007. Igual se involucró con él. Escribió en su blog Roxbrujita a las 4:53 pm del 7 de marzo del año siguiente:

«No sé qué hacer. Mi vida se vuelve cada vez un caos total. Desde que conocí a Mariano he cometido muchos errores en mi vida, los cuales no tienen solución. Este es el único sitio donde puedo expresar lo que siento, pues hace poco, exactamente el 24 de febrero, me entregué a un hombre por despecho a que Mariano no me quiere; no es un simple hombre, es mi ex psiquiatra el hombre a quien me entregué. ¿Por qué con él? Porque cuando mis papás me llevaron a él, él me sedujo, me besó y tuvimos un acercamiento muy íntimo. No llegó en ese momento a penetrarme. Al enterarse mis papás de lo que pasó ese día, me cambiaron de psiquiatra. Pero lo que viene al grano, es que busqué a mi ex psiquiatra porque sabía por dentro, el hecho de que Mariano no me quisiera como yo a él. Ese día que me entregué a mi psiquiatra, tuve mucho miedo. Pero me trató bien, me dijo de hermosa a muchas cosas más. Me besaba muy sensualmente de modo que no lo olvidé de pronto. Después de ese día estuvimos hablando mucho, me dijo que se iba a volver a repetir, ojo, pero sin compromiso alguno, además de que él es una persona mucho mayor que yo, sin mentira debe tener como unos 60 años o tal vez más. Ayer lo volví a hacer con él, pero no tan igual como el primer día, ya que estaba en horario de consulta y pues no podíamos durar mucho. Creo que sin querer le estoy agarrando cariño, pero está muy mal porque igual quiero a Mariano y también el psiquiatra me quiere como un objeto. No sé qué hacer. Ah, no sé si les había dicho, pero mi primera vez lo hice con él, con el psiquiatra. Así que imagínense cómo estoy».

Roxana no logró el abrazo comprensivo de algún internauta con estas confesiones. El morbo se activó después de su muerte. Miles de internautas ingresaron para leer los dos mensajes que destacaban en su blog, ése del 7 de marzo, y otro posterior del 5 de mayo, enviado a las 5:31 pm, en donde contó:

«Hoy es el día en que la relación con el doctor Edmundo Chirinos y yo terminó. Comprobé que el amor es una palabra difícil de descubrir y que no todos somos bienaventurados de descubrir este sentimiento. Pero siempre hay algo bueno en todo, el que logre saber diferenciar los tratos que nos pueden brindar. Los errores que cometen las chicas para perder un hombre, ya sea en este caso, un hombre mayor.

El saber que un hombre no lo es todo en la vida, que primero es la familia y que también debemos darnos cuenta cuando nos tratan mal, cuando nos utilizan y cuando usan esa frase tan pegostosa que nos hace volar al cielo: te quiero mucho; cuando no es cierto, cuando lo dicen sólo para llevarte a la cama. Recuerdo siempre que mi madre me decía que los hombres te pedían la prueba de amor sólo para acostarse contigo y luego botarte. Más o menos así me pasó con Chirinos, aunque él no me pidió la prueba de amor y sólo se acostó conmigo y luego sintió que era mucho para él y no quería verme más. Pero como mi objetivo no era sólo acostarme y chao, sino ver si aguanta todos los errores que cometemos constantemente, y hace que perdamos a los chicos que nos gustan, decidí seguir insistiendo. Hasta el punto que me dijo que era irrecuperable. ¿Irrecuperable? Yo no quiero que me recupere, sino conseguir o demostrar que no hay que molestarlos mucho porque si no, perdemos lo que realmente vale la pena».

También en el proceso de investigación, el CICPC había bajado de la computadora de Roxana un archivo identificado como *Edmundo*, que contenía distintos documentos de Word, así como su cuenta de chat, en la que con una amiga, Raiza, compartió entre las semanas de mayo y julio distintos sentimientos y temores. Uno de ellos fue la posibilidad de un embarazo, disipado a los días con la llegada del período. Ante ese atraso de la regla, Chirinos había decidido, cada vez que tenían relaciones, hacerle tragar a Roxana la pastilla llamada «del día siguiente», para evitar cualquier riesgo de embarazo. Raiza, su amiga, le había aconsejado que no tomara esa pastilla con tanta frecuencia, y Roxana le dijo que fingía tragársela, para después escupirla.

«Asesino psicópata, jódete»; «mal parido, debe ser que no tienes una hija, cabrón»; «que se muera de dolor»; «con razón el Chaburro es como es, si esta joyita era su médico psiquiatra, ¿qué tal?»; «ojalá lo pagues caro»; «ese crimen quedará impune, el viejo baboso moverá cielo y tierra, ¡ya verán!»; «sádico asesino»; «75 años y pasarás a la historia como un perro… bravo Edmundo, te la comiste desgraciado!»; «que siga tratando a Chávez que lo que terminó fue loco»; «este tipo es el Hannibal Lecter venezolano, lo único que le falta es ser caníbal, esto es de película»; «de candidato presidencial a psiquiatra del mayor loco del país y ahora asesino, qué inteligente Marisabel, se le escapó a tiempo»; «que lo manden a la cárcel de La Planta en hilo dental»; «déjenlo libre a ver si mata a Hugo».

Llovieron comentarios en Internet contra Chirinos. De cada cien, podía aparecer uno como éste: «No sean tan mal agradecidos con este eminente científico, orgullo de Venezuela y camarada resteao. Por su fibra extremadamente humanista, se prestó a ayudar a una paciente con un trastorno suicida irreversible, y ahora lo quieren manchar involucrándolo en un suicidio-homicidio porque lamentablemente esa paciente buscaba en su inconsciente, escapar de este mundo. ¡Justicia para nuestro científico más destacado de este siglo!».

Chirinos no parece enterarse del desprecio generalizado. Se comporta como si viviera en una cúpula de cristal y es capaz de asegurar que goza del respeto universal.

La verdad, Chirinos se ha gozado las bondades de la sociedad venezolana que, cómplice o ignorante, lo trató con todos los privilegios. Y a las mujeres, también se las disfrutó. Casi que convertido en leyenda, es obligado preguntarle a ellas cuál es el encanto de ese personaje, poco agraciado físicamente –aun cuando él siempre se ha valorado como «muy guapo»– con gestos amanerados, una voz nasal y ciceante, y un complejo de calvo, que es peor que ser calvo. Chirinos trae a la mente esa imagen del novelista Jim Thompson, al describir una pequeña población del Upper State New York: «Había algo triste en ella: me recordaba esos hombres calvos que peinan la parte del costado de su cabeza a través de la coronilla».

Aún joven, ante el primer atisbo de calvicie, Chirinos viajó a New York para adquirir Athena, el último invento para frenarla. Su miedo a perder cabello atentó contra su higiene. Comenzó a lavárselo con menos frecuencia. Y se hizo un injerto. El pánico a la calvicie se fue juntando con el disgusto de la vejez. El botox y la tintura de pelo fueron su compañía constante.

A las mujeres, eso poco ha parecido importarles. Durante décadas, en especial, entre los 80 y principios de los 90, Chirinos acudía a cuanto evento público le era posible, calzando de cada brazo un espectáculo de mujer. Preferiblemente famosa. Y un evento podía ser desde una fiesta hasta un entierro. Desde un acto académico hasta uno político. Los bares y clubes de lujo eran objetos frecuentes de su visita. En fin, el psiquiatra de moda.

Sobre él, las mujeres destacan que les encanta cómo las atiende, las halaga, las escucha, diferenciándose de la mayoría de los hombres venezolanos, que suelen ser poco caballerosos. Afirmaciones como seductor, buena copa, mejor cama, gran conversador, bailarín divino, melómano, muy culto, sirven para la colección necesaria de este psiquiatra considerado narcisista por muchos. Su éxito con las mujeres es indesmentible.

Casi todas las mujeres que han mantenido una relación con Chirinos –que difícilmente alcanza los seis meses– se separaron en buenos términos de él. Hablar del psiquiatra les genera ahora cierta inquietud. Algunas han ido como atando cabos y se aventuran bajo el juramento de absoluta confidencialidad, a hacer ciertas confesiones: «Una vez íbamos a hacer el amor y me propuso consumir cocaína. Insistió en que me garantizaba que nada me iba suceder porque él era médico». «Le iban gustando cada vez más jóvenes; se volvía incómodo ver cómo le saltaba a niñas, delante de uno». De las confidencias de dos de ellas, surgen testimonios imposibles de comprobar porque pueden incluso estar sazonados con el despecho. Igual erizan los pelos: «Se quedó con la herencia de una señora mayor que se la dejó a él, en vez de a sus hijos, quienes inútilmente reclamaron su dinero». Y: «Deberían averiguar la muerte de otras pacientes. Una vez me propuso como solución, con una prima esquizofrénica, ponerla a dormir para siempre».

Psiquiatras de El Cedral susurran la sospecha de otras muertes, pacientes, víctimas posibles que nadie reclamó.

Los hombres lo refieren como un hombre agradable para tomarse unos tragos. Uno que otro, con una copa de más, llegó a preguntarle si le gustaban los hombres, o si era bisexual, basados en que a veces acudía a lugares de enganche de su mismo sexo. Recuerdan que Chirinos lo negaba con la mayor naturalidad, aunque gustaba de hablar también de los atributos masculinos. Podía describir como "griega" la belleza de hombres y mujeres, «qué cuerpo tan atlético», y de las féminas, con seguridad, se derretía por las piernas. Sus amigos más cercanos solían reclamarle que podía acostarse hasta con un esperpento por el puro impulso sexual, y les incomodaba que en esas aventuras quisiera arrastrarlos con unos pares igual de espantosos.

Los carros son su debilidad, y las marcas BMW y Mercedes, con última tecnología y el mayor confort. Su *penthouse* en Sebucán sin embargo, no es una muestra ni de lujo, ni de buen gusto. Lo compró hace 25 años, y allí se quedó. Tal vez para siempre.

Chirinos es un viejito menudo, con la cara estirada, el pelo pintado, que se viste como muestran las revistas de deportes. De día, parece listo para asistir a un juego de tenis, con la franela blanca a rayas, el suéter amarrado al cuello y mocasines sin medias. Estar preso en su casa no le impide salir a recibir las visitas a la puerta, con una gran gentileza. Sugiere estacionar el carro en el garaje de su edificio y para ello abre el portón con el control remoto. Tiene una sonrisa casi permanente que inclina hacia un lado, lo que le agrega un toque de cinismo, ¿o maldad? Procura mirar todo el tiempo a los ojos y habla muy bajo, tratando de obligar a la cercanía física. Sus primeras y segundas frases –y si se le permite, no hay más temas– van dirigidas al halago femenino. De inmediato no oculta su voluntad de brindar la sensación de que los deseos personales serán cumplidos.

A su apartamento se accede por un pequeño ascensor, que al abrir su puerta muestra la terrible imagen de unos policías viendo un desvencijado televisor, en una silla de desecho. En la esquina del pasillo está una especie de colchoneta donde los castigados efectivos de la alcaldía del municipio Sucre deberán rotar su sueño para custodiar al ex rector que tiene casa por cárcel. Chirinos no oculta su desagrado y con prisa abre la puerta de su apartamento. Ofrece la bebida que apetezca. Parece decepcionarse al escuchar agua y café. El apartamento, a pesar de ser un *penthouse*, y tener la posibilidad de mirar el cerro Ávila, no recibe luz natural –las ventanas están ocultas con persianas y gruesas cortinas– y un aire acondicionado bastante ruidoso acompaña cada área. Es un lugar que da la sensación de haberse congelado en el tiempo. Los sofás, la alfombra, los adornos, las fotos, las revistas, ese gran afiche de Marilyn Monroe, los equipos... tiene una grabadora de llamadas telefónicas de las de antes, y apenas entiende lo que es DirecvTV Plus. Se pavonea por tener un iPod, aunque su orgullo es una gran colección de discos de acetato, que tiene a bien mostrar con sus respectivas dedicatorias.

Su habitación está casi integrada al recibo principal. Tiene allí una pequeña área que funciona como estudio. Del baño, destaca su jacuzzi y la colección de esencias que genera la primera envidia femenina. Anexo al recibo está el espacio que probablemente sea el más frecuentado: un gran bar, bien provisto a primera vista, y una mesa con una computadora. El segundo piso del *penthouse*, Chirinos lo destinó a sus numerosos libros y archivos –pero muchísimos, tantos que los policías ni siquiera intentaron escudriñar allí, diciendo que parecía la biblioteca de Hannibal Lecter– y unos aparatos de gimnasia, que ya el cuerpo de Chirinos dice que no aguanta el trajín de usarlos.

Una vez en su confort de anfitrión, el psiquiatra trata de indagar sobre la vida personal de la entrevistadora. Su estrategia falla ante un detalle que no había considerado: sus uñas, sucias, manchadas con una especie de betún que visiblemente se está colocando en el pelo, tal vez ante la dificultad de acceder a los tintes por su prisión, desviaron la atención de la periodista que con indiscreción debe haber puesto cara de desagrado. Una vez recompuesto, comenzó a hablar de su tema preferido, él mismo. Los personajes de la historia, venezolanos o extranjeros, que tuvieron una relación directa o indirecta con él, que como por arte de magia en su narración van quedando reducidos a satélites admiradores de su encanto, a expertos embriagados con su sapiencia, o a amantes arrastradas, ciegas de pasión y locura ante tan deseado portento.

Pareciera exagerado. Pero es que Chirinos es una exageración en sí mismo. Ausente de decoro, de culpa, de vergüenza, de sentimientos –lo que lleva a expertos a clasificarlo como un psicópata narcisista– el psiquiatra puede pasar cualquier cantidad de tiempo procurando impresionar y demostrar que tiene muchos, todos los encantos. Por momentos se comporta como si fuera un adolescente, y claro está, a sus 75 años su performance resulta bastante decadente.

Su situación para el momento de largas conversaciones –casa por cárcel, procesado por homicidio, desacreditado profesionalmente y hasta enfermo– procura revestirla de frivolidad. Trata de convencer de que lo que le acontece, además de temporal, es una sumatoria de la envidia y de los eventuales enemigos que ha podido haberse granjeado en su exitoso ejercicio profesional.

Su gestual, su esfuerzo, sus cuentos –porque cuentero sí que es– están dirigidos a la conquista. Al principio con timidez, pero en cada oportunidad, con más fuerza, comienza a comportarse como un animal tras una presa. Quizás le esté pesando mucho su encierro.

Chirinos miente sin pudor. Y sin parar. Como si su boca fuera una metralleta, y sus palabras, balas. No importan los esfuerzos por rebatir con fechas, registros históricos, testimonios. La verdad, su verdad, es como él lo dice, y no hay más conversación si no hay interés en escucharla.

Está muy solo. Sus teléfonos no repican aunque trata de hacer ver que lo tienen asediado las mujeres y pacientes. Los hijos, dos, mujer y hombre de diferentes mujeres, no tienen contacto con él. Su ex esposa menos. La señora que trabaja para él desde hace más de 20 años, quiere regresarse a Colombia –de ella también fueron recabadas fotos desnuda–, y poco se sabe del resto de su familia. Una hermana lo visitó un día cuando se operó. Tan sólo una pareja de amigos asistieron leales a casi todas las audiencias de su juicio.

Parece sano, y cuida su dieta, aun cuando en un año tuvo que ser intervenido en dos oportunidades. La primera fue por una hernia discal, pero la segunda pareció decidida desde el más allá. Ocurrió días después de cumplirse un año de la muerte de Roxana Vargas.

El diagnóstico de Chirinos parecía escrito por la víctima: hemorragia subdural. Coincidía textualmente con la autopsia del médico forense al describir la razón del fallecimiento de Roxana. Sólo que a ella le fue provocada por un objeto contundente, y a Chirinos, posiblemente por problemas de irrigación sanguínea consecuencia de la edad. Chirinos corrió con más suerte: salió con vida, aun cuando los médicos tuvieron que intervenirlo. Un informe médico fechado el 19 de agosto, que procuraba ante el juez de la causa su libertad por razones de salud, indicaba lo siguiente: «Paciente masculino de 75 años, médico psiquiatra, hipertenso, diabético, prostático crónico, con antecedentes de craneotomía parieto frontal derecha el 2 de agosto del año en curso, con hematoma subdural crónico de más de seis meses de evolución para drenar, ha presentado aumento de volumen por presencia de líquido, cefalea, trastornos de equilibrio con franca ataxia que le ocasiona trastornos de la marcha y lenguaje mal construido... fue reintervenido drenando nuevamente el hematoma, lográndose expansión cerebral. El paciente viene mejorando pero necesita disminuir drásticamente factores que provoquen aumento de estrés».

Si es verdad que Chirinos sufrió de las limitaciones físicas descritas, se recuperó drásticamente. Él mismo se encarga de sentenciar que en esta ocasión ha burlado la muerte. Además, su orgullo le impide admitir cualquier limitación. Sólo una secuela le quedó, pero tan importante como para que haya sido una tragedia para él: le afeitaron la cabeza. Por razones de asepsia, salieron para siempre sus injertos tan preciados de pelo, poseídos durante casi 40 años desde una ocasión en que se los había procurado en Francia. La calvicie, siempre un complejo para él, la ocultó un tiempo bajo una boina, de esas de universitarios. Luego, cuando el pelo que le queda creció, volvió a mostrarlo, deshilachado, pero armado con esmero y voluntad, y de un gris oscurecido.

Chirinos casi se ofende cuando se le pregunta si ha consultado con un psiquiatra, porque considera no sólo que está bien de la cabeza, si no que él vino a este mundo, inspirado, para curar a los esquizofrénicos y consolar a los familiares de los locos sin remedio.

Su discurso, así como su casa, son un homenaje a la nostalgia. Añora las mieles del poder que disfrutó. El reconocimiento de la intelectualidad, de la farándula, de la academia, de la política.

Chirinos es elocuente. Por ratos puede ser luminoso. Conversa de cualquier tema y puede intuir cuál es el del gusto de su interlocutor, en especial si es femenino. Sin dudas, es un hombre culto.

Tiene muchas, muchas fotos de mujeres. Manipula una cámara portátil para dejar constancia gráfica de quien lo va a visitar. Observar las fotos después, en su soledad, debe darle un gran placer. Pero la mayoría de las imágenes que muestra en papel, en sepia, o desgastadas por el manoseo, huelen a vejez.

Cuenta un policía haberse conmovido cuando tropezó con un álbum que tenía fotos de señoras tímidamente semidesnudas, con ropa interior bombacha como la de antes, sonriendo con candidez frente a la cámara fotográfica que manipulaba Chirinos. Algunas, quizás, ya han muerto. Desde entonces, el psiquiatra gustaba de dejar plasmadas imágenes de sus pacientes y amigas. Centenares de esas gráficas, al igual que las de Roxana, fueron decomisadas en los allanamientos efectuados por el CICPC.

Chirinos no transmite ninguna razón de compasión. Puede ser divertido, pero apabulla hasta el hartazgo su empeño en desplegar su capacidad de seducción. Aún ágil en sus movimientos, demuestra fuerza al apretar brazos y cerrar puertas con un impulso que resulta en trancazo. Indiferente ante la mención de viejos amigos, obliga a considerar que es un hombre sin sentimientos. Su ego también satura. Por momentos, provoca gritarle que existe un mundo más allá de su frente, que hay hombres y mujeres, cada uno con su particularidad, que puede ser maravilloso. Y que la imperfección es rica, y que equivocarse puede ser útil. Pero qué va. Chirinos, ante cualquier opinión parecida, realiza un diagnóstico. «Tú como que tienes cierto tipo de neurosis». Y de inmediato, hace la invitación. «¿Quieres tratártela conmigo?».

CAPÍTULO IV

Nací en Churuguara, estado Falcón (occidente de Venezuela). Un pueblo como el oeste americano en el que tú no podías embarazar una chica, ni tener relación con una mujer, si no estabas casado con ella. A Churuguara llega un personaje de la Valencia de España. Cosa rara entonces, un tipo cultísimo que se llama Edmundo, de ahí viene mi nombre, Edmundo García, que era un adicto a *El Conde de Montecristo*. Mis padres tenían una familia numerosa, once hermanos tenía mi madre, era la mayor, y mi padre también. Él era agricultor, poseía varias fincas. Cuando yo tenía dos o tres años, nos fuimos a Barquisimeto y mi madre súper católica, me inscribió en el colegio La Salle. Luego, como mi madre era asmática, en esa época había la creencia de que el mar favorecía a los asmáticos, cuando yo tenía siete u ocho años, nos mudamos a Maiquetía.

Cuando vivíamos en Barquisimeto una vez me dio un dolor abdominal. Nunca lo olvidaré porque era una apendicitis, y como mi madre era tan católica me puso encima de la cama un Corazón de Jesús. Cuando fue el médico nuevamente y se me había quitado todo, para mamá había sido un milagro, ¡ja!, como si a través de unos rayos láser me hubiera curado. Yo he sido ateo toda mi vida. Hice la primera comunión por complacer a mamá, me acuerdo que le pregunté al sacerdote, ¿cómo es eso, que Dios existe? El padre me dijo, «eso no se pregunta, eso se siente». Entonces no siento nada padre, lo lamento mucho, sólo voy a complacer a mamá. Es la única vez que he tenido un acto religioso y al salir le dije a mi mamá: mira, primera y última vez que vengo a una iglesia. Y así fue, y ella me lo respetó.

Fuimos cinco, la hermana mayor murió que era la más cercana a mí. Era bióloga, profesora en el liceo Andrés Bello, y en el liceo Fermín Toro, casada con un tipo brillante que aún vive, Humberto Romero. Ella se llamaba Esmirna, como la ciudad. Fue incluso reina del Pedagógico. Recuerdo que con la cultura de la época, a mí me obligaba mamá a acompañarla hasta el liceo Aplicación, para que no se metieran con ella, donde yo estudié hasta quinto año. Yo quería ser médico, porque desde niño he tenido dos obsesiones: la locura y la muerte. Comprender la muerte y comprender la locura. Y tanto, que desde niño, al frente de donde yo vivía en Maiquetía estaba la plaza del Tamarindo, yo jugaba metras con los locos callejeros para conocerlos. Y de la muerte, apenas empecé a estudiar Medicina, cuando llegué a tercer año de Medicina en el Vargas, le pedí a Blas Bruni Celli ser su asistente, solamente por la muerte. Yo me hacía amigo de los enfermos terminales, los que estaban agonizando, los que sabía que iban a morir, por cáncer o lo que sea, entonces conocía a su familia, a los pacientes y cuando morían, yo les hacía la autopsia, para entender el paso de la vida a la muerte. Mi hermana murió en mis brazos, tenía un defecto congénito del corazón. Yo la llevé a Boston, y el médico le dijo que si cumplía reposo absoluto podía prolongar la vida; que podía morir si seguía llevando el estilo de vida que tenía, trabajar, escribir un libro. Cuando salimos, recuerdo que me hizo jurarle que yo nunca le diría a nadie lo que el médico dijo porque ella pensaba seguir en el ritmo que vivía. En efecto, ella murió joven. Estábamos en Morrocoy, un cuñado tenía una *motorhome,* paseamos en lancha, y al regreso ella se desplomó con el esposo al lado, con mis otras hermanas viendo, y el único que sabía que se había muerto era yo. La escena es imborrable porque yo tiré los vasos, me la llevé al *motorhome,* y todos creyendo que era un desmayo. Murió pasándola bien. Es la única vez que entré a una funeraria en traje de baño. El hijo mayor de Esmirna, Humberto, mi sobrino favorito, había arreglado las cosas en la funeraria La Equitativa de El Rosal. Cuando llegué había un gentío, y yo entré en traje de baño con el cadáver de ella. Una experiencia inolvidable.

Son tres hermanos: Elí, que cuando cerraron la universidad cuando Pérez Jiménez tuvo que irse a Costa Rica a graduarse de ingeniero, vive en Barquisimeto. Y dos hermanas, una bioanalista, Iraida, y la otra no quiso estudiar. Ellas viven en Caracas, están muy demenciadas. El primero de mayo, la bioanalista, que trabaja en el Vargas, cumplió 80 años, ella está mejor. Eglée está insoportable, muy deteriorada. Yo soy el menor.

Yo siempre fui el jefe de la casa. La casa nuestra que está aquí en Campo Claro la compró papá, él hacía lo que yo le dijera. Nos vinimos de Maiquetía a Caracas porque cuando llegué a sexto grado, una cosa curiosa, en esa época no se permitía que alguien con menos de once años se graduara de primaria, entonces me trajeron para Caracas, casa de mi abuela, la mamá de mamá. Ella era insoportable. La abuela mala, tanto que finalmente la metí en un geriátrico. Yo viví con ella un año y estudiaba en un liceo que estaba cerca de esa plaza donde está Radio Caracas, de Bárcenas a Río. Y saqué el puntaje más alto. Yo siempre destaqué, era estudioso. Cuando tenía catorce años ya me había leído *El lobo estepario*, de Herman Hesse. Y lo sabía de memoria. El subtítulo era *Sólo para locos*. Me identificaba con el personaje principal. Cuando yo tenía veinte años, ya estábamos conspirando contra Pérez Jiménez, luego cuando cae, fui a China con la delegación de estudiantes que asistió a la primera Federación Internacional patrocinada por ese país. Mao Tse Tung me regaló esa estatua que ves ahí, cuando era el personaje más importante de China y uno de los del mundo. China estaba en pleno proceso de desarrollo comunista, pasamos tres meses. Allí viví mi primer enamoramiento, con la mala suerte de que cuando nos veníamos, nos separamos de aviones, a ella la ubicaron con otros estudiantes, y el avión de ella había explotado. No creo en el destino, creo en el azar. Ella también era *hessiana*, bella, 20 años. Yo viajé de Praga, a Suiza, para conocer a Hesse.

Papá básicamente fue un comerciante. En Churuguara había sido un agricultor, después fue un comerciante. Mi madre era típica ama de casa, de las mujeres de entonces. Me llevaba bien con los dos, aun cuando mejor con mamá. Papá me tenía un gran respeto, se entiende, porque él no era un hombre culto y yo tenía una excelente formación. Mi hogar fue extraordinariamente bueno. Nunca los vi peleando, discutiendo, honestísimos. Cómo será que cuando cae Pérez Jiménez, que nombran a Larrazábal, yo tuve muchísimo que ver con todo eso. Yo participé en ese golpe que tumba a Pérez Jiménez. Incluso quien trae a Fidel Castro por primera vez a Venezuela fui yo, ya él era una figura en La Habana. El primer acto lo hicimos en El Silencio.

Por supuesto que Fidel es muy superior a Chávez desde el punto de vista de cultura, es universitario, graduado en Derecho, brillante, de otra clase social, consistente. Yo lo quise mucho. En ese época ¡yo participé tanto en eso! Él era contraalmirante (Larrazábal), en ese tiempo los militares respetaban la jerarquía, entonces como Larrazábal pasa a ser Presidente y no tenía idea de quién es quién, el que elige el gobierno de Larrazábal soy yo. Él me decía, «mira, ¿a quién nombro acá?, yo no conozco a fulano». Me acuerdo que nombré a Julio De Armas como Ministro de Educación. Larrazábal dependía mucho de mí. He tenido dos momentos en mi vida así, en los que he elegido gobiernos. Uno fue ese año 59-60. La campaña nuestra había sido en los cines de El Silencio para convocar el 23 de Enero. Como dirigente estudiantil hago contacto con Larrazábal, y el rector lo elegí yo. El ministro que ya yo había nombrado, me dijo –yo estudiaba sexto año de Medicina–, «bachiller, usted tiene ahora que nombrarme un rector». Me fui a entrevistar a los candidatos, Bianco uno de ellos, y a los que yo creí que tenían nivel. El único que me dijo que no, fue De Venanzi, con esta frase: «Yo no puedo ser rector de una universidad, donde el estudiante escoge al rector». Cuando salí, le dije a la gente de la época, mira, ya tenemos rector. Me presenté donde Julio De Armas y le dije, «éste es el hombre, tiene que convencerlo». Lo llamó y aceptó. De Venanzi me designó delegado estudiantil ante el Consejo Universitario.

Entonces Larrazábal me pide crear la PTJ. ¿A quién fue que yo propuse como Ministro del Interior? También nombré al Ministro de Justicia, y me piden crear una policía técnica. ¿Sabes lo que tenía qué hacer? Todas las cosas que se robaba la gente, me las tenía que llevar a mi casa. Billetes, joyas, y mi padre no permitía que nadie tomara un céntimo de allí. Yo tenía 20 años y vivía con mi papá.

El otro Presidente con el que fui decisivo en la designación de su gabinete fue Chávez, pero eso te lo comento después.

La gran sorpresa en mi casa fue cuando yo participé a mi familia: me voy a Guayaquil. Conseguí cupo en una universidad. Era cuando Pérez Jiménez. Estuve menos de un año, algunos meses. Tenía 17 años. Estábamos desayunando, y yo salía a las dos de la tarde para Ecuador, y digo: «Yo quiero participarles que después del mediodía me voy de Venezuela». «¿Qué? ¿Cómo es eso?» «Yo quiero estudiar, la universidad está cerrada y me quiero ir». «¿Quién te va a pagar eso?». Yo le había dicho a mi tío, y él me había garantizado la mensualidad, pasaje comprado, todo listo. Y así me fui de mi casa. A los pocos meses, cerca de donde vivía, estaba un colegio, equivalente del San José de Tarbes, el colegio más elitesco de Guayaquil, y las niñitas de 17, 18, 19, eran bellísimas, a una en especial la nombraron reina de carnaval. Estábamos en una mesa tomando whisky, imagínate, todos con dinero, y se acercan dos damas de honor y me dicen:

«el bachiller Chirinos, ¿quién es?». Soy yo. «Es que la reina quiere estar con usted». Era Flor de María. En Guayaquil, como no quería pedir dinero a mis padres para el ticket de regreso porque habían abierto la Universidad de los Andes, y la verdad tampoco tenía interés en Guayaquil excepto por esta chica, consideré que había una flota hermosa que se llamaba Gran Colombia, que era Venezuela, Colombia y Ecuador. Eran barcos que hacían entrenamiento. De Panamá iban a Nueva York y de Nueva York venían a Maracaibo. La ruta era La Guaira, canal de Panamá, Nueva York, Guayaquil, Nueva York. Por supuesto que cuando llegaba el barco, todos los venezolanos íbamos a leer los periódicos. La vuelta completa duraba tres semanas.

Esta experiencia me pareció bien importante. En Guayaquil yo me la pasaba con los exiliados de AD, los comunistas. Hablábamos de política. El capitán del barco me dice que me va a traer de vuelta a Venezuela. Yo no tenía visa, en esa época los cónsules debían otorgar visas para entrar al país, eran policías de Pérez Jiménez. Igual me venía. La gran fiesta de despedida, y me monto, y me meto en mi camarote con mi calavera, y mi lobo estepario, y de repente entraron todos los oficiales: «No podemos llevarlo, el cónsul impide su salida». Los chismes que mandaba el cónsul a Venezuela era que yo estaba de activista político. La verdad es que eso no era tan así. Yo digo que es la primera vez que me tocó golpear a alguien porque cuando yo me acerco al consulado, empujé la puerta y lo agarré para agredirlo. Yo no era agresivo. Le decía, pero bueno, usted en lugar de facilitar el regreso de los adolescentes a Venezuela, yo tenía 17, ¡usted lo impide!

El barco se fue y yo me quedé en Guayaquil. Ahora sí que estaba exiliado. Me hice célebre en Nueva York, como el jovencito que bajaron del barco, y nunca dejaré de agradecerle al capitán de otro barco, Lugo, que me fue a buscar a la pensión y me dijo, «yo lo voy a llevar a Venezuela, pero con la condición de que usted se las arregle. Yo lo dejo en Maracaibo». Fue una experiencia inolvidable. Llegamos a

Buenaventura, que es un puerto colombiano en el Pacífico, un pueblo de dos o tres calles de sólo prostíbulos, y al final estaba una iglesia, todos los oficiales tenían sus amantes. Cuando yo llegué les dijeron a las mujeres, «ese muchacho es virgen». Fue la primera vez que yo amanecí con una prostituta, no sé qué pasó, porque ellos me dieron el famoso trago de los colombianos que se llama Cristal, un aguardiente. Nunca supe qué sucedió. De ahí seguimos al Canal de Panamá y luego a Nueva York. Allí me dice el capitán Lugo, «ésta sí es una ciudad, no quiero que salga hasta que yo se la muestre. Quédese en el barco que después lo saco a pasear, que vamos a estar aquí 15 días». Lo que él no sabía es que yo me conocía Nueva York de leer, aparte de que yo era amante del jazz. Por cierto, me obligó a botar todos mis huesos, un cadáver que yo me había robado de un cementerio que quedaba en La Pastora. Yo cargaba mi caja de huesos, aquí conservo la calavera desde entonces. Me robé el cadáver del cementerio Los Hijos de Dios. La calavera la escondí, y no me arrepiento porque uno tiene que saber de ciertas cosas. Cuando llego a Nueva York, por un lado salió el capitán y por el otro yo. Me pagaron 60 dólares por los trabajos que había hecho en el barco. ¡He pasado los 15 días en Broadway! Duke Ellington, Sarah Vaughan, Louis Armstrong, a ellos yo les pagaba los tragos para que me tocaran las canciones que yo quería.

Es que de música yo sé. Una vez dirigí la Orquesta Sinfónica de Venezuela. Era un ensayo. Me lo pidió Antonio Estévez. Yo conversaba mucho con Estévez. Me sabía a Tchaikovsky de memoria, la Cuarta Sinfonía. Yo veo a Dudamel y digo, cónchale, yo he debido ser músico. Al principio la gente de la Sinfónica no podía entender, claro, de tanto escucharla yo sabía, y Antonio, feliz, incluso presionándome para que la dirigiera al día siguiente ya ante el público.

Cuando regreso al barco, seguimos ruta a Maracaibo. Los oficiales me habían advertido que allí me iba a esperar la Digepol. Me despiden pensando que me llevaban a la cárcel de Guasina. Me bajé con la calavera bajo el brazo y el lobo estepario, sin ropa y más nada, ¿no iba preso pues? Pero yo creo que había tanta leyenda sobre mí, que los oficiales que estaban allí, ¿tú me imaginas a los 18 años?, delgadito, pues bueno, pasé desapercibido. Llegué a la Plaza Bolívar en Maracaibo, me monté en un autobús y me vine a Caracas. Me bajé en la Plaza Capuchinos, de allí a mi casa. Me dije, «esto es el paraíso». Recuerdo que mi abuela, la que yo llamo *la mala*, me dijo, «ya éste Edmundo no es el que se fue, ahora viene con una mirada sombría». Dije «lo siento mucho, pero yo mañana sigo para los Andes», sobre todo con el miedo de que allanaran mi casa.

En Mérida fue lo mismo, todavía estaba Pérez Jiménez. También me enamoré mucho, yo siempre he sido piropeador. Frente a mi pensión estaba Aquiles Nazoa, yo lo mantenía a él con la plata que recibía de mis tíos. Estuve un año estudiando Medicina. Esa experiencia fue determinante en mi vida. En la pensión vivían unos muchachos, la mitad del tiempo era escuchar música, y la otra la lectura. No sólo era estudiar Medicina. En la noche nos íbamos a la Plaza Bolívar, y era una competencia entre estudiantes. Eran brillantes. Cuando llega el primer examen que es de Bioquímica, a los 17 que me habían precedido –que eran muy superiores– los habían aplazado (la evaluación era aplazado, suficiente, distinguido y sobresaliente). Por supuesto que cuando yo entro, todavía me acuerdo de las preguntas, total que cuando termina el examen yo les digo, ya les contesté todo, y los profesores me dicen, «así, sí es verdad que lo vamos a aplazar». ¡No me había dado cuenta de lo que me había pasado! Cuando salgo, sobresaliente. ¿Te imaginas la reacción de los muchachos? Desde ese entonces yo me convertí en líder académico. Para que veas cómo lo marca a uno la experiencia de un examen. Luego cuando fui profesor, que lo fui durante tantos años, nunca, cuando veía un muchacho inseguro, tímido, lo normal, nunca lo aplazaba. A mí eso, me dio una seguridad enorme.

A la casa de Campo Claro el nombre se lo puse yo, siglas de mi madre que es Amanda, y de mis hermanas, Esmirna, Eglée e Iraida, «Asei». Viví allí, la casa existe, una de mis hermanas la ocupa todavía. También vivieron ambos padres. Mi papá murió de un accidente cerebrovascular. Yo lamenté mucho haberlo curado, haberlo tratado. Yo estaba en el segundo año de Psicología, cuando vino de Valencia y ahí tuvo la pérdida de conocimiento, y yo hice prácticamente de enfermero, punción lumbar, lo llevé al Hospital Clínico y posiblemente le salvé la vida. Digo que me arrepentí porque quedó hemipléjico y fue muy largo su proceso con una limitación de movimiento, y mi pobre mamá que dedicó toda su vida a ayudarlo. Pero bueno, médico es médico, y yo hijo. Después mi madre murió, ella era asmática y tenía lo que en Medicina se llama corazón pulmonar. Fíjate qué interesante, a la única persona que yo informaba dónde estaba era a ella, pensando que algo le podía pasar. Y estando en Londres, sonó mi contestadora y me dice mi hermana Iraida, «mamá está muy mal». Cuando llegué la conseguí asfixiándose. Entonces murió en mis brazos. Tendría unos 60 y tantos años. Era asmática de toda la vida. También murieron así, en mis brazos, mi padre y mi hermana.

Yo estaba muy preparado para la muerte porque al llegar al tercer año de Medicina, el problema de la locura lo había resuelto cuando niño jugando metras con los locos, pero el de la muerte no, y tenía una gran curiosidad por saber qué es la muerte. Por eso me hacía amigo de la gente que iba a ver morir a sus familiares con cáncer, cardiopatías severas, entonces cuando llegaba el momento de la muerte yo estaba allí. Y después les hacía la autopsia. No solamente es atrapar el último suspiro, sino que después de muerto, el cuerpo parece igual hasta que se corta aquí en la garganta, se sacan las amígdalas y es cuando el cuerpo se estruja pues, y aparece la muerte. Yo viví eso. Hice muchísimas autopsias y me acostumbré a vivir la muerte. No me importa ni la mía, ni la de nadie. Lo cual te da mucha firmeza en cualquiera de las ideologías que tú te ins ribas, hasta en la religiosa, donde todo es Dios.

Me interesaba saber que había detrás de la muerte. Y no hay nada. Un ser humano, como cualquier otro ser biológico, vuelve a ser tierra. Lo que era antes de nacer, una combinación de elementos bioquímicos. Yo hice esa parte de la medicina forense que fue entre mi tercero y mi sexto año para convencerme de que ciertamente la vida es eso, y ver la reacción de la gente ante el muerto. A mí me dicen que alguien se murió, lo lamento, pero no tanto. La aceptación de la muerte como un hecho inevitable y nada escandaloso. Yo creo que a la gente hay que formarla para eso. Cuando fui rector traté, no lo logré, que en las once facultades se dictara un curso de Epistemología Científica, para evitar las creencias, para que la gente tuviera un pensamiento científico, racional. Yo no concebía un profesional de alto nivel que tuviera creencias esotéricas. Soy muy realista, muy científico.

Fui un dirigente político importantísimo, desde el liceo simpatizaba con la Juventud Comunista. No militaba pero me gustaba mucho. Estudié en el liceo Vargas en La Guaira, después en el Luis Razzetti y luego fui al liceo Aplicación; estudié Ciencias.

Nunca he sido muy apasionado de los deportes. Jugaba *bowling*, fui un pésimo jugador de béisbol, no me gusta ni como espectador, aunque Galarraga, que vivía cerca de la clínica, fue paciente mío. Cuando redacté la parte de Educación en la Constituyente, como la comisión también era de Cultura y Deportes, los periodistas se metían conmigo porque como yo soy tan espontáneo, comenté que de deportes yo no sabía nada. Dos o tres columnistas me descargaron.

He sido bastante solitario, la única debilidad mía han sido las féminas. Le rindo culto al amor. Soy un tipo romántico, creo que por eso he tenido éxito con las mujeres.

Manejo la poesía, la música, o sea esa aproximación que para las mujeres es fundamental, y sexualmente, lo admito, soy muy activo, me siento muy apasionado. Para bailar prefiero boleros, por lo mismo que el bolero te permite acercarte. Me sé la letra de las canciones. He admirado los cantantes de la época.

A cambio de muchas otras consideraciones, mi pasión ha sido entender el cerebro humano. ¿Cómo funciona? A eso he dedicado mi vida. Y por asociación, todos los niños que tuvimos padres que nos colocaban música en la casa, recordamos de memoria letras de canciones antiguas, de música que ya no se oye que por cierto la comparo con la música actual, y nada que ver. Igual la poesía. El tema del amor es el tema de la música, el tema de la vida. Ahora, haber encontrado en el cerebro cuáles son las estructuras que funcionan en el amor, fue también una de mis pasiones. Entender que en el lóbulo frontal, allí, lo que hay son asociaciones de las neuronas, de las llamadas sinapsis que no tienen vinculación emocional, sino que son para pensar, son lo que le permite a la gente razonar lógicamente. Y que las regiones de la base del cerebro, que son los lóbulos temporales y el hipotálamo y el hipocampo, son las que disparan descargas nerviosas fisiológicas que impregnan la conciencia de afecto, llámese afecto negativo, como la rabia, la ira; o las buenas.

Entonces el cerebro humano tiene grandes facultades, la de sentir, que también tiene áreas precisas, y las emocionales, y la región del pensamiento abstracto sin contaminación de sonidos y sentidos ni de emociones. Hay seres humanos que estamos más configurados para ser frontales, y de hecho la explicación es la transformación del mono, cuando avanza porque comienza a utilizar sus manos. ¿Por qué uno va a pensar en Dios? Ningún Dios es el origen. Un maestro, (Valle Calle, el neurofisiólogo, del que yo soy su hechura), estaba investigando en el fondo del mar, algunas estructuras monocelulares que eran el origen de la vida.

Uno puede medir el llamado potencial cognitivo. Se puede hacer el mapeo del cerebro para ver cuál de las áreas está más desarrollada. El viejo conductismo, que fue una base en Psicología, está superado, fue un sueño, pero es imprescindible en la parte fisiológica. ¿Qué es la conciencia? Eso explica mi interés por la vida, por la muerte, por la locura.

La locura es una alteración de esas uniones sinápticas cerebrales. ¿Qué es la esquizofrenia? Además de la acumulación de millones de neuronas, hay por lo menos cien neurotransmisores, o sea, cuando una neurona se comunica con otra, lo hace a través de una sustancia química, somos seres neuroquímicos, razón por la cual cuando tomas o te drogas, el cerebro se impregna de cosas; también sin consumir nada. La esquizofrenia es la presencia de la serotonina que te altera las condiciones de lo que eres. Eso se cura con terapias. Internacionalmente he presentado centenares de esquizofrénicos tratados por mí, con 70 por ciento de curación. En general, requiere medicación de por vida. Yo creo que soy el venezolano, cuidado si en el mundo, que más sabe de eso. Es la patología más compleja que hay entre todas las patologías psiquiátricas.

Clozapina es el medicamento favorito mío para tratar la esquizofrenia. Es mentira que representa algún riesgo su uso. He tratado centenares de pacientes con Clozapina sin consecuencias secundarias. Una estuvo aquí en mi casa hoy. Yo le suministro Clozapina a escondidas porque como produce sedación, la familia la tritura y se la disuelve porque ella no quiere. No sé cómo se dejó inyectar, tuve que engañarla.

Yo siempre he dicho que no existe un líder en el mundo que no tenga una forma de esquizofrenia. Llámese Jesús, Hitler o Chávez. En última instancia, es un tipo que se cree súper dotado, superior, porque sus neuronas cerebrales frontales, están más desarrolladas por la educación que haya tenido, o por habilidades propias, más la adulación y el narcisismo. Me da la gana de controlarlo todo, no importa lo que sea, pero yo soy un poder.

El segundo presidente con el que he estado en el poder es con él, Hugo Chávez. Fui su psiquiatra. No se puede ser psiquiatra de una pareja. Recuerdo a Grúber Odremán. A ése lo hospitalicé yo, tenía un problema delirante, creía que era escritor, y la verdad escribía bastante mal. Una vez la Sociedad Bolivariana me invitó a dar una charla sobre Bolívar y les dije, no me inviten porque la van a pasar mal. Yo les demostré que Bolívar había sido un enfermo mental. Ese chiquitito con una necesidad de reafirmación permanente.

Chávez me escuchaba en esa primera época. En el 88. ¿El 88? Sí, cuando sale de Yare. Luis Miquilena, que me había leído porque yo había sido candidato presidencial, y Chávez para quien yo tenía imagen de líder, le dijo a Miquilena yo quiero conocerlo y me mandó a llamar. Recuerdo que el día que lo visité en el Hospital Militar, lo estaban atendiendo porque tenía un problema en los ojos, estaba con Acosta Chirinos. Y Chávez decía, «yo quiero conocer a Chirinos, quiero conocer a Chirinos, es un personaje para mí muy importante», decía. Y fui. Me pareció bien. Absorbía rápidamente lo que yo le sugería. Es muy inteligente, le dices cualquier cosita y el tipo te la desarrolla con elocuencia y seguridad. Es manipulador y muy mentiroso. Lo ayudé a controlar sus tics nerviosos con ejercicios de respiración y relajamiento. Olvídate, él no es un intelectual, pero es fantástico para engañar a la gente. Se comen el cuento y han llegado a considerarlo un letrado, cuando todo es una estafa. Lo que hace es memorizar una o dos páginas de todos los tipos de libros, y los demás juran que conoce exhaustivamente a los autores. A las críticas, reacciona como un adolescente, sobreactúa. Tiene el problema que se droga con cafeína, se toma más de 30 tazas de café al día. Termina siendo hiperquinético, pero hay que reconocerlo, con una gran capacidad de trabajo. Es fuerte. Recuerdo las dos o tres veces que estuve con él de gira, hice con él una de Apure hasta Maracaibo. Tiene una capacidad de trabajo bestial, sin parar, visitando todos los pueblitos. A veces iba con Marisabel. Ella me pedía también que la acompañara a algunos lugares.

Nadie miente como Chávez, él lo hace con afecto. Nadie hace eso ahorita. Y él no acepta a nadie que tenga nivel, como para disputarle el liderazgo. Yo lo convencí de que tenía que divorciarse. Aquí en mi casa, en mi presencia, se quitó el anillo. Él la quería a su manera. Pero es un hombre para quien primero está el poder. Yo se lo decía a Marisabel, que más responsable era ella como Primera Dama, por lo que tenía que entender que era la mujer de un político bestial, lo que significa no existir, prácticamente.

Estudié Medicina, al tiempo que Psicología y Filosofía. En esa época conocí a Pedro Duno, Núñez Tenorio, convencí a Guillermo Pérez Enciso para que creáramos la escuela de Psicología, y al comenzar a funcionar, yo me inscribí para estudiar. Fui de la primera promoción y al egresar todo el mundo quería que fuera el director porque me veían como el mejor alumno, el que tenía más conocimiento.

Mi primer trabajo fue en el Psiquiátrico La Coromoto. Las enfermeras, monjas, eran traídas de España. Cosa extraña, para yo ser un tipo de izquierda, a quien buscaban las monjas era a mí. Algunas de ellas rompieron sus votos. Compro este apartamento de Sebucán. De Campo Alegre me había mudado a Los Palos Grandes, donde yo estaba en el primer piso y Renny Ottolina en el tercero. Pero cuando me emplean en La Coromoto, a mí siempre me ha gustado vivir muy cerca de donde trabajo, estaban vendiendo este *penthouse*, y lo compré. Me iba caminando.

En esa época estaba muy de moda la medicina psicosomática, cómo comprender el espíritu humano. Los expertos se quedaban locos de ver cómo yo manejaba todos los conocimientos. A mí me obligaron a estudiar Anestesiología porque era muy buen alumno, me nombraron enseguida jefe de Anestesiología del Periférico de Coche, aprendí mucha medicina porque yo tenía que atender a todos los heridos, las emergencias. Simultáneamente me nombraron médico anestesiólogo de un hospital del Seguro Social que estaba en Casalta, y también del Centro Médico. Me pagaban por cada anestesia el equivalente de 100 dólares. Yo ganaba mucho dinero. Tenía una formación muy integral.

Enseguida monté un apartamento de soltero, otro más pues, en Las Acacias. Yo lo prestaba, una vez fue Pompeyo Márquez. Ese apartamento lo tuve mucho tiempo. Cuando llego a sexto año de carrera, es cuando comenzamos a conspirar para que caiga Pérez Jiménez, año 58. Los compañeros me respetaban académicamente. Así que su caída la organizo yo, porque Héctor Rodríguez Bauza era el contacto con Pompeyo Márquez que coordinaba el movimiento cívico-militar. Toda esa gente la manejaba yo, a los de izquierda, a la gente del MAS, MIR, MEP, los comunistas. Muchos de ellos me apoyaron en la candidatura presidencial. Recuerdo que vino Uslar Pietri a pedirme que fuera candidato. Apenas cayó Pérez Jiménez, hubo una reunión donde no sólo designé a De Venanzi como rector, sino que les dije a todas las autoridades universitarias, a ustedes yo nunca los vi en esta lucha, así que renuncien todos. Y todos renunciaron. Y dije, los nuevos decanos son fulano, zutano, mengano, y así fue. Yo era un estudiante con un gran liderazgo.

Me gradué primero de Medicina y comencé postgrado de Psiquiatría, mientras en la facultad de Humanidades, en Psicología, ya iba como por cuarto o quinto año. Después dirigí la cátedra de Psiquiatría, daba clases antes de graduarme, en la Facultad de Medicina. En la primera fila, había un par de chicas en la materia que yo dictaba a mis compañeros de Psicología, que era Neurofisiología. ¿Te imaginas aquel muchacho bien parecido, con 20 años, con prestigio, con recursos económicos? Me gustó una alumna que venía de Toronto y era hija del Director de la Sinfónica de Viena, y la madre era una mujer de Bulgaria, también con mucho dinero: Felícitas Kort. Por su formación europea liberal, era posible que se quedara en mi apartamento el fin de semana o viajara a Nueva York conmigo.

Se inició un romance muy lindo. Me acuerdo que un día en el almuerzo, me dijo: «Mis padres piensan que tú no me convienes por dos razones. Una, tú sabes que nosotros somos judíos, somos unos grandes practicantes del judaísmo, y tú no lo eres, y en segundo lugar, ellos sienten animadversión a la política». Yo le respondí, voy a ir a tu casa. Fui a una cena. La única vez que fui a pedir una mano. Ella era hija única, para colmo.

Yo era muy wagneriano, y su padre, imagínate era fanático de Nietzche, y yo me lo sabía de memoria. *Así habló Zaratustra*. Yo me imaginaba que me los había ganado y al día siguiente a las cinco de la tarde, cuando la voy a recoger, ella no llega. La llamo a su casa y me atiende su papá, lo saludo, ¿cómo está? «Usted es un hombre muy encantador», me dijo, «grato haberlo conocido pero tengo que decirle algo: esta mañana mi esposa se la llevó a algún lugar del mundo donde usted nunca la va a conseguir». Yo le dije, «mire señor Kort, si usted anoche me dice eso, es muy distinto, porque yo no tengo ninguna intención matrimonial con ella, a mí me encanta y salimos, pero usted no sabe con quién se metió. Ahora me ha retado. Esté donde esté, yo la voy a conseguir». «Imposible, su madre tiene las intenciones de esconderla en el lugar más recóndito del mundo», me insistió él. A las siete de la mañana del día siguiente, yo estaba en el hotel Park Sheraton de Nueva York. Presumía que allí estaba porque esa ciudad era la primera escala obligada para Europa. Allí me dicen, «ella se acaba de ir». Me siento afuera en la calle y se me acerca un *bell boy*. «¿Qué le pasa?». Y le cuento «¿Y cómo es ella?». Y le enseño la foto. Me dice se la llevaron al Bolívar Hotel. Tomo un taxi, llego allí y va saliendo ella con la mamá y las maletas. Cuando me vio se echó en mis brazos, y le dije a su madre que hasta este momento ella era suya. Yo tenía 20 años y ella 17. Nos quedamos 15 días los dos solos de luna de miel. Pasado el tiempo le dije a ella, llama a tu padre. Yo había dejado las clases, todo. Le escribía versos. A ella le fui fiel. Estuve siete años en Europa y no me acosté con más nadie. Yo regresé a Caracas y ella se quedó en Nueva York. Todos los días hablábamos por teléfono. Cuál es mi sorpresa cuando me dicen, «ellas se fueron esta mañana». Pienso, tienen que habérsela llevado a Israel. Comienzo a averiguar los barcos que salen ese día de Nueva York y me entero que hay uno que primero va a Egipto y de inmediato agarré un avión para El Cairo. Cuando llegué allí me compré un esmoquin, esperé que el barco arribara, reservé mi camarote, a ver qué reacción iban a tener ellos. Se rindieron.

Ella se quedó en Suiza y yo regresé a Venezuela, tiempo después nos casamos. Ya los padres habían tirado la toalla. Me habían dicho, «bueno vamos a hacer lo siguiente doctor Chirinos, permita que al menos un rabino los case». Les expliqué que yo desde los siete años juré no tener ninguna religión. «Pero doctor, le estoy ofreciendo a cambio de eso, toda mi fortuna», me dijo el padre. Respondí, «yo no acepto que nadie me dé dinero que no es mío, y en segundo, ella va a vivir con lo que yo gane». Y así fue. Nos casamos en la casa de ella. El juez era el papá de Douglas Bravo, y mis testigos Héctor Mujica y Héctor Rodríguez Bauza, y un tío de ella. Mi madre quería mucho a Pupi.

Enseguida nos fuimos a Londres porque yo no aguantaba la presión, la cantidad de actividades que tenía aquí, además de mi vocación por los postgrados. Fui a estudiar al centro más importante del mundo. Maudsly, hospital psiquiátrico que a su vez es la Unidad del Instituto Nacional de Psiquiatría de Londres. Y era el más prestigioso. Había un personaje llamado Albert Eisenek, que trabajaba psicología cognitiva conjuntamente con Skinner, entonces yo, a pesar de que hacía psiquiatría, hacía psicología con ellos, conductistas por supuesto, y fui al Instituto de Psicoanálisis.

Esta anécdota es interesante. Hay una famosa plaza llamada Russell Square, porque además yo estudiaba Neurología por las noches. Pupi se puso a estudiar idiomas porque por mala suerte le exigían equivalencia de pregrado y ella se negó a hacerlo. En cambio yo tenía actividades muchas. Eso sí, a las siete de la noche estaba de gala en mi casa para ir al teatro, la ópera. Fuimos excelente pareja. En Londres estuvimos unos tres o cuatro años. Un día en un banco me encuentro a Bertrand Russell sentado allí, en la plaza, y me dice, «estoy esperando que me atiendan», yo le dije soy médico, ¿lo atiendo yo? ¡Fue mi paciente! Tuve el lujo de haber atendido al filósofo y matemático.

De ahí nos vamos a Marsella, ¿por qué Francia? Por supuesto que a cada rato íbamos a París. Una de mis complacencias es que estando allí, Ricardo Kort, papá de Pupi, me dijo, «nunca pensé, doctor Chirinos, que mi hija iba a ser tan feliz con usted». Después la madre murió viniendo de Nueva York en un accidente de aviación. A París, porque allí funciona el Centro Nacional de Investigación Científicas más importante del mundo. Allí trabajaba en las mañanas viendo mis pacientes con traumas cerebrales, epilepsia y psicología cerebral. En ese centro murió Rimbaud. Y en la tarde, iba al Instituto de Neurofisiología, hacía mi investigación. Yo estaba como becado por la gente de Londres que mandó una magnífica recomendación mía. Investigaba el efecto farmacológico de medicamentos.

Por supuesto, allí comenzaron a surgir diferencias con mi mujer en el sentido de que el proyecto mío de regresar a Venezuela no era para formar un hogar, ni ver televisión, ni tener niños. Y ella se había dado cuenta de mi pasión por la ciencia, la investigación y la política. Además, estando en Marsella los guerrilleros llegaban. Yo era quien recibía al Ché, y claro, los dólares, y la moneda soviética yo era quien se los entregaba. Ha sido la mujer que he amado en mi vida. Un día le dije «tienes que irte a Venezuela». Ella había tenido un aborto espontáneo en Londres. Para mí fue durísimo decirle eso. Después ella fue una psicóloga notable. Sólo la vi una vez después de separarnos, estando yo en un lugar de Altamira, no Il Padrino, sino un restaurant que estaba afuera en la callecita de ahí, entro y la veo, ya nos habíamos divorciado, y averigüé cuánto había costado el divorcio. Llamé al mesonero y le envié un sobre que contenía el cheque con el costo del divorcio. Y me fui. Ella vive en Caracas, se casó tres veces más.

Cuando llego del aeropuerto viniendo de Marsella, creo que estaba Carlos Andrés, ¿te conté sobre mis confrontaciones con Rómulo Betancourt?, yo pensaba que podía ser detenido porque sabían que yo venía de Marsella y conocían de mis conexiones con Europa, que yo me reunía con movimientos guerrilleros, con el Ché a quien veía en Lyon, en París, en Marsella. En esa época eligieron a De Gaulle presidente de Francia. El director del Instituto, era Robert Naquet, y yo hacía el trabajo de investigación sobre la respuesta de los psicotrópicos en el sistema nervioso, el cual fue nominado al premio Nobel. A Robert lo habían nombrado ministro de la Cultura, cuando yo entro a decirle que me vengo a Venezuela. Me venía por la revolución, porque yo no veía mi futuro con un hogar, ese no era mi proyecto de vida. Naquet se sorprendió: «¿Cómo va a perder la oportunidad de dirigir el centro de investigación más importante del mundo para irse a Venezuela?». Gobernaba Betancourt y había una gran represión contra la izquierda.

Me detuvieron en el aeropuerto mientras esperaba el equipaje, me llevaron a Disip en Los Chaguaramos. Aún estando en Francia yo era un subversivo. Pensaba seguir con el movimiento revolucionario de entonces que se había iniciado en La Habana. Poco tiempo estuve detenido. Estando preso, el jefe de la Disip me llevaba al Tamanaco y vi unos carnavales. A los pocos días hubo una manifestación con Bianco, profesores, estudiantes de Psicología, un poco de gente de Medicina, y me liberaron.

Yo tuve dos enfrentamientos serios con Rómulo Betancourt, cuando él era candidato que habíamos decidido llamarlos a todos –Caldera, Jóvito, Betancourt– y ahí hubo un conflicto serio, le pedimos que retirara su candidatura, y Betancourt se molestó.

Al salir de Disip, me incorporo a la universidad, y a hacer política con los contactos con la lucha armada que estaban en Falcón y en oriente, aunque más débil allí. Yo era profesor, tenía una actividad política muy intensa, incluso llegué a viajar a La Habana, a hablar con el Ché y me compré una finca para que el Ché viviera allí. Cuando Douglas Bravo y yo estuvimos presos, él inventó que yo iba a ser Fidel Castro, y él, el Ché Guevara, pero como yo no creía ni en su proyecto de fuga, ni en el proyecto guerrillero ése, estábamos en Digepol Los Chaguaramos y entonces, como yo conocía muy bien el Hospital Vargas y el médico era amigo mío, entonces inventamos una hemorragia severa, yo le hice el planito del hospital. Eso sirvió más tarde, para que Teodoro se fugara después de tomar sangre y vomitarla, esa idea la inventé yo. Entonces a Douglas lo llevaron al Vargas y se fugó, lo sacó la esposa.

Al regreso de Marsella acepté la dirección de la Escuela de Psicología. Daba clases y fundé el departamento de Psicología Clínica y las menciones industrial, escolar, orientación y clínica.

Cuando la intervención de la universidad, era el momento de la revolución académica. Se inició un movimiento en toda la universidad, nombran decano a Félix Adam, eso facilitó mi elección como decano porque todo el mundo vio en mí al líder que podía suplir a Félix. La atmósfera interna en la universidad era muy violenta. Como decano fundo la escuela de Artes, hice una selección de lo más brillante.

Miguel Otero Silva me sugirió que colocara como director a Inocente Palacios. Era perfecto porque era un comprador de arte, un gerente, entonces Miguel Otero me llevó a la casa de Inocente en el Country Club, nos hicimos grandes amigos. Dí clases también por un año en Arte, Psicología del Arte. También recuperé la escuela de Idiomas, la refundé prácticamente. Todo eso, por supuesto, me dio mucho prestigio y entonces me nombraron presidente de la Comisión Humanística y representante profesoral ante el Consejo Universitario, por cierto que Juan Barreto –quien luego paró en Alcalde Metropolitano– era el representante estudiantil.

Después paso a ser rector, enfrentando a Piar Sosa que era un adeco radical. Yo nunca perdí en mi aspiración a rector. En el primer intento fui electo, y a Piar Sosa le gané abrumadoramente. No sé de dónde sacas que había fracasado en una anterior oportunidad, ¿con quién? ¿Moros Ghersi? Nunca. ¿Y que me jubilé con la primera derrota? Estaba a punto, porque ya tenía suficientes años en la universidad, pero nada de eso. Todo el mundo pensaba que Piar Sosa iba a ganar. Parecía una elección presidencial. Nunca olvidaré que Piar Sosa se sentía tan sobrado que me había invitado a unos tragos en la noche. Gané en la primera vuelta de manera aplastante.

He sido el rector más exitoso de la Universidad Central de Venezuela, exceptuando a Félix Adam. Yo.

Construí la Plaza del Rectorado, con la intención de convertirla en un lugar de conciertos. Fui muy estricto como rector. Recibí el rectorado de manos de Rafael José Neri, cardiólogo. Fue difícil con la Facultad de Derecho, que se oponía a que le quitáramos el estacionamiento. Gané la pelea y de qué manera. Después se hizo una asamblea, por cierto que la voy a hacer otra vez cuando salga de todo esto que me está pasando, porque el actual decano es muy amigo mío, del mismo pueblo donde yo nací. También hice el edificio de la Asociación de Profesores Universitarios, todos tenían estacionamiento al final. Yo le decía a los abogados, sobre todo a los profesores, ¿es que cuando ustedes van a la esquina de Pajaritos, o a ver un cliente, no caminan? ¿Es mucho caminar hasta la Plaza Las Tres Gracias? Les dije de todo. Los amenacé con sacar un decreto que convertiría ese espacio en estacionamiento de todos los habitantes de Los Chaguaramos. Y no sólo eso, les dije: declaro la entrada de Plaza Venezuela por Los Chaguaramos, como autopista.

¿Qué pasa con Tazón? Lusinchi era presidente. El Ministro de Transporte y Comunicaciones era de Churuguara, mi pueblo, Juan Pedro Del Moral, íntimo amigo mío, y me dio todo el poder para las reformas estructurales de la universidad, que por cierto aquello era una entrada y salida de los militares con los estudiantes, divino, pintando las paredes, cuando me llaman de Maracay para decirme que los muchachos se vienen a protestar con los autobuses porque tienen problemas con el comedor. Y el acuerdo mío con los estudiantes es que se acababan las tomas del Rectorado, pleito que tuvieran los estudiantes, ¡ahí estaba yo! Fíjate este cuento qué interesante: salen de Maracay los muchachos y digo, no los dejen salir, es que ellos no son choferes, ése era el riesgo. Igual salieron, entonces cuando yo llamo a Juan Pedro, para que los oficiales de tránsito los paren y los detengan, mi amigo no está. Yo llamo al Ministro del Interior, ¿cómo es que se llama el que escribe en *El Nacional*? Freddy Lepage, ah, entonces el ministro era Octavio Lepage. Lo llamo y le insisto que los detengan oficiales de tránsito porque yo soy incapaz de llamar a policías, ese no es mi estilo. Lepage mandó a los grupos armados contra la guerrilla, a militares. Y los esperaron en Tazón. Fue el único incidente grave que tuve. Los estudiantes creían que yo había mandado a disparar y lo que hubo fue un solo herido, no más. Y ningún muerto. Y hubo aquella famosa asamblea en el Aula Magna y recuerdo que los de Bandera Roja, la izquierda más radical en la UCV, fueron los que más me adversaron. Yo bajé sólo a la asamblea en el Aula Magna. Amenazaron

con matarme. Aquello fue un desastre. Ha sido la única vez
que me han insultado en mi vida, recuerdo que dije, aún al
más criminal de los delincuentes, se le permite el derecho
de palabra. De modo que yo les pido que me dejen hablar
cinco minutos. Y les di la explicación que te acabo de dar.
Hice diferentes asambleas, facultad por facultad dando la
misma explicación. No me arrepiento en lo absoluto de
haber tomado la decisión de Tazón. Esa decisión la tomé
solo, de manera responsable. ¿Te imaginas la cantidad de
muertos si esos muchachos hubiesen manejado? Yo dije, si
ustedes quieren yo renuncio, pero todos me rogaron que
no me fuera. Recuperé mi prestigio con los muchachos. En
cambio, a los demás rectores no los han querido. Pedí unos
días de permiso para asistir a las asambleas a hablar con los
muchachos, pero nunca quedó ningún rector encargado.

Todavía era rector cuando el gobierno de Lusinchi. Muy
desacreditado Lusinchi por los tragos y por Blanca Ibáñez.
En una oportunidad me llamó para ofrecerme el Ministerio de Educación. Él había quedado impresionado con mi
actuación en las reuniones del Consejo Nacional de Univer-
sidades. Después lo veía, no tanto como psiquiatra, pero
de alguna manera lo ayudaba con los tragos, de llamarlo,
o intervenir en una reunión más de una vez, y decir, no le
sirva más whisky a ese hombre.

Y empezaron de todos lados a pedirme que me lanzara
a la presidencia. Me lo pidió Escovar Salom, Uslar Pietri,
Luis Beltrán Prieto Figueroa, la gente del MAS que estaba
con Teodoro y conmigo, me dio como vergüenza decirles
que no. Les pedí que contrataran una encuesta a Gallup,
la de mayor prestigio de la época, y dupliqué al siguiente
candidato. En Valencia, Maracaibo, Caracas, ¿qué iba a hacer
pues? No era que tuviera un entusiasmo especial por eso.
Yo hubiese deseado no ganar la encuesta, te lo confieso,
pero ya tenía un compromiso. Los que me propusieron, me
financiaron. Yo despachaba desde las oficinas de Reinaldo
Cervini. Para mí fue doblemente interesante porque yo no

conocía a Venezuela y la conocí, a su gente, y lo segundo, conocer las direcciones de los partidos políticos.

Andrés Velásquez siempre andaba muy solito, y yo en cambio con un montón de gente. Yo intentaba ayudarlo. Fuimos candidatos contra Carlos Andrés Pérez y Eduardo Fernández. También fue candidato Teodoro, quien me pidió que me retirara. Y nos encontramos más de una vez en los aviones, en los aeropuertos. Una vez en Acarigua, había como 400 invitados y estábamos tres para debatir, Carlos Andrés Pérez, Eduardo Fernández y yo. Les di una clase de Edafología, el estudio de los suelos, una cátedra fundamental de la Facultad de Agronomía y Veterinaria. Recuerdo que les expliqué a todos lo que era Edafología. Hubo un *break* donde los asistentes hacían preguntas, me paro al baño, y me encuentro a CAP y Eduardo que me dicen: «Chirinos aquí vinimos a buscar votos y plata». Eduardo un poco más educado. La varilla que les eché, es que apenas salí del baño, se lo conté al público. Les dije, no sé cómo estos tipos que están aquí pueden ser candidatos presidenciales. Los 400 invitados me sacaron en hombros.

No me acuerdo del resultado electoral finalmente, pero yo sabía que ganaba, lo que sucede es que el acta-mata-voto era lo más frecuente. Te cuento lo siguiente, una vez en Caripe en una cena durante la campaña, se me acerca un dirigente de Acción Democrática y me dice, «mire doctor Chirinos yo lamento que usted esté en esto porque quien debería ser el presidente de Venezuela es usted, pero lamentablemente aquí todos los votos por instrucciones nuestras, tenemos que dárselos a Pérez». Abrió la maleta del carro y tenía un poco de billetes. Yo sí gané. No denuncié fraude porque a quién le iba a reclamar, ¿al Consejo Supremo Electoral? Mi campaña fue muy frontal, y AD y Copei me habían presionado para que retirara mi candidatura. Tenían miedo de que el acta-mata-voto no funcionara. Yo había renunciado al rectorado para ser candidato. Esperé que mi período terminara y mi discurso fue muy lindo. Fue en el 88, dije, bueno señores, de aquí yo salgo para la candidatura presidencial porque me lo han impuesto personajes importantes. Y entonces el jefe de audio de la universidad me ha puesto en el parlante mi discurso a Rómulo Gallegos cuando le dimos el *Honoris Causa*. Esa vez tuve que improvisar, yo tan ocupado con 20 mil casos. Los oradores éramos Mariano Picón Salas, Gallegos y yo, y De Venanzi, por supuesto. Siempre he tenido muy buena memoria, sí. A partir de allí, Gallegos se convirtió en mi admirador. Me insistió en que yo tenía que escribir, publicar, me corrigió textos que yo nunca publiqué.

Otra experiencia interesante es cuando yo creo la escuela Razzetti. Pablo Neruda era íntimo amigo de Mata, De Gregorio y llegaba a la casa de Mata, y como yo siempre he tenido vocación por la literatura y me sabía de memoria los poemas de Neruda, se los recitaba y él entusiasmado, me insistía en que escribiera. Yo tuve dos grandes estimulantes para escribir, Pablo Neruda y Rómulo Gallegos. Tuve ese par de maestros que me incitaban a la pluma.

Todo me fue creando un escepticismo hacia la política. Los políticos no son honestos, son muy manipuladores. Después de mi candidatura me sobraron ofertas de todo tipo y nunca quise aceptar ninguna. De embajador, hasta ministro de la época ésa, de Carlos Andrés Pérez; ni le respondía la llamada. Como no le contesto a Chávez, pues. A cada rato me llama y yo ni le atiendo, ni le respondo. Pero no quiero hablar de política.

En el 98 acepto reunirme con Chávez cuando Miquilena me dice que él estaba interesado en conocerme. Entre el 88 y el 98 yo estaba dedicado a ser profesor, a mi consulta, mi escritura, lectura. Yo fundé El Cedral en Altamira cuando era rector. Con el psiquiatra Franzel Delgado tuve un pleito serio. Hoy por cierto revisando los cajones encontré una carta dirigida a Franzel muy dura porque yo siempre he criticado a los psiquiatras que hablan mal del presidente en lo que respecta a su personalidad. Eso de que, «él tiene una

lesión en el temporal izquierdo», bueno, otra cosa es que
digan que Chávez es impulsivo, o lo que sea que es, emocional, inestable, narcisista, que lo es, calificativos que el
vulgo en general podría hacer, pero un diagnóstico técnico,
eso no.

Vuelvo a la política entonces, cuando Miquilena y la
gente que todavía era de izquierda, porque yo nunca dejé
de serlo, me llaman, y Chávez me dice, «yo lo admiro, es el
hombre que yo necesito, un gran intelectual». Era un Chávez
modesto, bastante modesto, no el Chávez de ahora. No sé si
te conté que yo traje a Fidel a Venezuela y lo estimulé para
que hablara con Betancourt. Fidel le dijo, «encabece la revolución en América y yo soy su segundo». Yo seguía esa mili-
tancia ideológica. Y Chávez es La Habana. Me ha invitado
a reuniones de él con Fidel y no he querido ir. Te advierto
una cosa, que yo fui a una reunión donde estaban Fidel,
Allende, el Ché Guevara y Fabricio Ojeda. Estábamos en
Palacio, en Chile, y Allende dice a Chávez, mire mi comandante yo le voy a decir algo, había perdido antes y venían
las otras elecciones y era muy probable que ganara, y le
dice, «mire comandante, yo le voy a demostrar a usted que
es posible llegar al poder por la vía electoral porque voy a
ser presidente de Chile», y la clase brillante de Fidel, excepcional, muy superior a Chávez y dice, «el problema no está
en llegar al poder, sino en ejercerlo y para eso, usted necesita el aparato militar. Si no lo tiene, enseguida lo derrocan.
En cambio en Venezuela una guerrilla en la montaña, es un
embrión de Estado».

Entonces me incorporo a la campaña de Chávez. Buenas relaciones con él y Marisabel. Muchas veces vinieron
aquí, y lo que más me entusiasmó es que me dijo, «yo voy
a elaborar una Constitución, voy a llamar a una Asamblea
Constituyente». Entonces me pareció un tipo democrático.
Un hombre con muy buenas intenciones y un hombre cercano a Fidel.

En La Habana muchas veces por petición de Fidel, íbamos Allende y el Ché a hablar con los grupos de prostitutas

y marginales a ver cómo los incorporábamos a la revolución. ¿Te acuerdas que la Constituyente se eligió por parejas? Para colmo, Chávez me pide que me elijan con su mujer. Yo fui electo con Marisabel. Sé que gané así, de calle. Por presión de todos los constituyentes acepté a presidir la Comisión de Cultura, Ciencia y Deporte. Todos los artículos sobre eso, son autoría mía. Todo eso lo escribí yo. El hombre más admirado para mí era Hermann Escarrá, por cierto que desde la infancia tiene problemas con su hermano. A él todo el mundo le prestaba atención porque de la Constitución sabe. Se hizo muy amigo mío. El otro fue Maza Zavala.

Acerca de mis hijos. La primera hija nació porque una vez salgo del Colegio de Ingenieros en Los Caobos y una dama egresada de la escuela de Psicología me dice, «¿profesor usted va hacia el este?», y le dije que sí. «¿Me puede dar la cola?», «¡como no!». Te confieso que en esa época no había sida, no había VPH, entonces uno podía tener sexo sin problemas. Me dijo, «yo vivo en la urbanización El Bosque», me paro y me invita a tomarme un trago, sexo. Para mí, no quiero calumniarla, pero fue una cosa planificada por ella, porque estaba ovulando y me escogió a mí como papá. Esa es mi hipótesis. Porque tú comprenderás que a los nueve meses... No, nunca he tenido demanda de paternidad. Los dos hijos que he tenido los he reconocido de inmediato. Entonces me llama una amiga de ella y me dice, «doctor necesito hablar con usted». La recibo y me suelta esto: «Esta es la cuenta de la clínica, usted acaba de tener una hija». Le dije, mire, ¿cuánto es la cuenta?, pero dígale a esa señora que yo no tengo ninguna responsabilidad con esa niña, que yo no me siento su papá. Además, la madre no era ninguna niña, era una mujer de 40 años. Entonces empezó a llamarme por teléfono. Quería una relación y plata. Ella me decía, «es que si tú la conoces, te va a encantar por la fuerza de la sangre». Yo le respondía, no creo en eso. Me acuerdo que la primera vez que la vi fue en el parque El Tolón. Una niña muy cariñosa. Me pareció normal. «Vamos a hacer una cosa», le dije, «si yo no siento la fuerza de la sangre, y tú aceptas que yo pague su educación, yo te hago los cheques». Pues la mujer, ¡hasta se ha hecho paciente de la psicóloga que trabajaba conmigo para que me convenciera! Y le riposté, «a mí no me convence nadie, y de eso, menos. Ya tú conseguiste lo que querías, y más de eso no te vas a llevar». Así nació la primera niña. Desde entonces nunca he faltado. Yo no he querido que venga a verme en esta situación. Ella no reclama nada. Más allá del acuerdo, ella sabe la verdad. Se llama Karen Chirinos.

El varón se llama Francisco, ese sí es consecuencia de la campaña presidencial, y a diferencia de la hija, la madre era jefe de mi comando de campaña de occidente del MEP. Una mujer a todo nivel, farmaceuta, profesora de la Universidad de los Andes, y en dos oportunidades en Maracaibo tuvimos sexo. Por supuesto, ella tenía una gran pasión y admiración por mí. Fue tan sabia que esperó dos años para contármelo. Pasado ese tiempo me dijo, «quiero que sepas que si algún día necesitas un hijo, tienes uno aquí en Mérida, nadie sabe quién es el papá». Yo soy tan consecuente que le dije, «mándame enseguida la planilla que yo lo reconozco». A él lo he visto más que a la hija. Ahora cumple 19. En una oportunidad viajé con los dos, estuvimos los tres en Mérida, ahí se conocieron. No soy muy paternal. Francisco es experto en Ingeniería de sistemas. Ella se graduó de odontóloga y con gesto de dignidad que me gustó mucho de ella, quiso entrar a la universidad por mérito propio, no con mi privilegio de profesor. Ella trabaja y está muy bien. Una chama preciosa. El chamo maneja la computadora, él me hizo, ¿cómo es que se llama eso?, la página web. A él le compré una farmacia y un terreno en Mérida. La farmacia es la mejor de la zona, la mamá es farmaceuta. Nunca me han pedido un centavo, pero yo plata les he dado.

No, no tengo dinero, bueno, el normal. No heredé un céntimo de nadie. ¿Todas esas propiedades? ¿Apartamentos? La clínica Clineuci la compré. Siempre he sido un ahorrador de esfuerzo. La hacienda que le compré al Ché en Machurucuto, bueno, la casa en Margarita, los apartamentos, todo es trabajo.

Nadie me ha dicho nunca nada que objete mi ejercicio profesional. A mí me llamaron varias veces, estuve una vez en la Comisión de Ética del Colegio Metropolitano de Médicos. Tampoco me interesó mucho el gremialismo. Las cosas que han dicho de mí son anónimos de Internet, es gente que no se identifica. Supe de una dama, no recuerdo, y que llevó el *bloomer* con semen. ¿Qué es eso? Además dice que después que hicimos el amor nos tomamos un café y pagamos la consulta. ¡Cómo será, que la gente, los fiscales, la policía no tomaron en cuenta eso!

Ciertamente sí he tenido relaciones con mis pacientes, pero después que han sido mis amigas. Mantengo una relación porque soy muy afectivo. Incluso lo hago con la décima parte de las que me lo proponen. Algunas van a una consulta ligera, ocasional. Ningún psiquiatra ha hecho alguna observación que diga que acostarse con una paciente se riñe con la ética profesional. Ninguno. Por el contrario, me llaman. El presidente de la Asociación Venezolana de Psiquiatría y el segundo de a bordo, me han mandado emails, como Augusto Hernández, que estuvo conmigo en Londres.

Sobre las fotos de las mujeres hechas en mi consultorio, bueno sí, es que yo amo las fotografías, incluso las de mis amantes. Si las pacientes quieren, yo les tomo fotos desnudas. No pueden decir que hay fotos de mujeres desnudas sedadas. Nadie puede decir eso, ¡no existen fotos en ningún expediente! No lo haría jamás. Todas son voluntarias. Hombres, mujeres, niños.

Es verdad que de Roxana había fotos, incluso para demostrarle a ella su gordura, su sobrepeso. Desnuda, pero sin sexo. Esa es una falsedad total de ella. A lo que me he referido con Roxana, es a la transferencia que se plantea con una buena comunicación. La transferencia fue introducida por Freud desde la época del psicoanálisis para decir que no había psicoterapia, sino transferencia. Para que haya psicoterapia tiene que haber una simpatía recíproca entre el terapeuta y el paciente. Eso vale para el hombre, para todos. No tiene que haber sexo. Transferencia es la relación de afinidad que se produce entre un paciente y un terapeuta. No tuve sexo con Roxana. ¡Jamás! ¡Jamás! Nunca. ¿No viste lo gorda que era? Lo que pasa es que ella, yo le puse como condición al final, ¡pero es que era un obsesión de esa muchacha conmigo!, que llamaba por teléfono, y llamaba por teléfono. Obsesión de ella hacia mí, e inventó por su problema de autoestima, inventó, y después es que me entero porque se armó un escándalo, que ella le decía a amigas de la universidad que había sexo. Y a la mamá. Yo no sabía que ella decía eso.

La carta que me encontraron en la computadora dirigida a la mamá de Roxana, bueno, había dos cartas. Las hice yo. Son mías. ¿Por qué las escribí? La intención mía es... ¿Cómo es que la mamá no me denunció si ella pensaba que yo abusaba de su hija? ¡Ah, pero sí me fue a pedir una certificación para Radio Caracas! Un justificativo. ¡Una mamá que cree que el médico está abusando de su hija, va e insulta al médico! Y eso nunca pasó. Lo hace esa noche, que es la única llamada que hay de ella, es a las tres de la madrugada que es cuando yo he regresado. Le dije que se fue a las ocho de la noche de mi consultorio. No, yo no le dije que tenía tiempo sin verla. Ella iba clandestinamente, pero yo nunca he negado que la he visto. A todo el mundo que me preguntó dije solamente la verdad, que ella se había ido del consultorio a las ocho. Y a las nueve, ya estoy en Los Manolos. La carta que hice, fue escrita para convencerla de que no venga más a consulta. Para que la persuada de que se alejara. Se la escribo yo, a la mamá.

Estando ella conmigo, porque primero la paciente fue la mamá, por ahí tengo su historia clínica, a la señora le fue tan bien, humilde, de Valle de la Pascua. Tenía un cuadro depresivo, y me la lleva a ella. Entonces hay una técnica que yo hago. Hoy mismo hice una aquí en la casa, de terapia electro convulsiva. Eso requiere un protocolo. Yo puedo hacerlo solo, porque soy anestesiólogo. Es el electroshock, una de las terapias más antiguas, ¿qué ocurre?, la técnica electro convulsiva se diseña y se utiliza porque al pasar tú una corriente eléctrica a través del cerebro, los neurotransmisores se ajustan. Puede causar hemorragia nasal o bucal. Los médicos no pueden decir que esa terapia no causa sangramiento. Ella sangró. Tengo algunos textos allí que apoyan esta teoría, incluso Gómez Grillo llevó una comunicación a la audiencia con la juez para explicarlo. Lo que ocurre es que como uno mete un protector entre los dientes y a veces el paciente está dormido, puede morderse los labios o la lengua, y haber un pequeño sangramiento bucal, por vía de excepción. Roxana sangró, sin duda, pero unas gotitas. Eso fue lo que encontraron, unas gotitas. Los pacientes dormidos no es que están indefensos. ¡Están dormidos, eso es distinto!

Aquí siguen viniendo algunas pacientes. No hay manera de que acudan a otro psiquiatra. Roxana se apegó de un modo muy intenso, no sólo que lo detecté, sino que uno trata de ver cómo resuelve. Yo le recomendé a ella que fuera a otro psiquiatra. A esa psiquiatra la llamé una vez, pero Roxana me dijo que ella no había seguido yendo por razones económicas. Demasiado despliegue ha tenido este caso. ¿Cómo se justifican cinco portadas en revistas y toda esa cobertura? Para mí que eso es plata.

Yo tendría trabajo en Estados Unidos, Francia e Inglaterra, me hubiera podido ir. Si yo hubiera tenido el menor indicio de que esto iba a suceder, me hubiera ido al aeropuerto. Nunca había tenido un incidente con una paciente. Ni siquiera con un ser humano.

A Roxana la vi el 12 (día que murió). Te explico por qué. Yo la había visto el día 3 o 4. Nunca la llamaba. No sé por qué dicen que aparece en registro que yo la llamaba. El 12 de julio yo la llamé porque el día 4, ella había ido a consulta sin cita. Ya mi secretaria tenía instrucciones de no dejarla pasar. Ella se paraba enfrente y de alguna manera se metía. Y entonces ese día, va y me dice que esa noche se va a suicidar porque ella tenía un drama terrible con el sobrepeso, 85 kilos, y medía 1,60. Esas son las indicaciones precisas para el electroshock. Frente a la inminencia de un suicidio, le dije ven acá, y le hice su electroshock. Y le dije, te voy a volver a chequear. El día sábado yo tenía una reunión con los médicos de mi promoción, Carlos Alberto Moros y otros. Yo iba a ser orador de orden. A ella le he prometido el día antes que como no había tenido tiempo en la semana, y también tenía un paciente hospitalizado en El Cedral, yo te veo el sábado. Es que todos los días ella llamaba, llamaba y llamaba. Yo no la atendía la mayoría de las veces. Sí, debería estar acostumbrado a este tipo de situaciones, lo que quiero decir es que con ella, pese a mis sugerencias de que tenía que buscar otro psiquiatra, le decía yo te veo a ti siempre que vengas con una compañera, pero no sola. Ella se lanzaba hacia mí, me tomaba la mano. «Doctor usted me gusta mucho, yo lo amo, yo lo quiero». Ese día le hice electroshock, entonces cada vez que uno lo hace, uno quiere saber qué efecto ha tenido en una paciente que se quiere suicidar, y el único momento libre que yo tenía era el sábado. De ahí me voy.

La única llamada que yo le hice fue para decirle, «mira está por ahí a las siete y media que yo te veo». No la llamé en la madrugada ni en ningún otro momento. Nunca la llamé a ella. Jamás. La llamé ese día, o alguna que otra vez para decirle, deja de dar mensajes. Y ese día la llamo porque quiero ver si su estado sigue siendo depresivo. La encontré de maravilla. Yo le había hecho TEC antes, que es una sedación intravenosa que el efecto dura máximo una hora, y por eso es que la mamá inventó que yo había tenido relaciones con ella porque sangró por vía genital, no entiendo.

El 12 ella me habló de lo de siempre, que se sentía muy bien. La hice comprometerse con que el lunes iba a casa de dos colegas para bajar de peso, una en Guarenas, Tasioli, y una endocrinóloga.

Ella venía de Valle de la Pascua y estudiaba en la Universidad Santa Rosa. La gente especulaba por el pleito que yo había tenido antes con Marcel Granier. Yo una vez peleé con él, le dije al aire en televisión que él estaba ahí porque era un chulo, que no era ningún periodista, y el tipo tuvo que llamar a publicidad. Entonces ella acababa de inventar, que como había conseguido un puesto de pasante en RCTV...

En una sesión, porque la madre sabía que ella sangraba por los labios, ella sangró vía vaginal. Entonces la madre supone que puede haberse producido relación sexual. Mi abogado Gómez Grillo ha presentado un montón de documentos médicos que dicen que el TEC en pacientes premenstruales, puede provocar la menstruación. La ginecóloga no encontró semen. Yo incluso a ella, traté de demostrarle que no puede recordar nada de lo que sucedió, porque en el TEC no hay memoria inmediata, se te olvida quién te trajo, cómo llegaste, se te olvida todo, porque las neuronas se desconectan, bueno no sé por qué ella inventó todo eso. Esa es la parte de la patología.

En el expediente no puede haber mención de ninguna otra clase de abuso. No señor. Hay casos de mala gente que inventa eso. Mujeres. Pero ningún caso. No hay nombres. La única es la loca ésta del año 90 que llevaba pantaleticas llenas de semen, y que... del resto son anónimos, sin ningún valor. Ese expediente no tiene ni una sola prueba. Un zarcillo que tú comprenderás se le cae a cualquiera, a ti se te puede caer. No pueden decir que hay un recorrido de sangre por toda la alfombra. Debe ser que en una oportunidad anterior, ella caminó hasta una neverita que tenía en mi consultorio, y hay una gotica. Esa es toda la prueba.

Ese día yo la vi como a las 7 y media, 8. Como una hora, hasta que la veo bien. Ella se compromete conmigo con que iría a casa de la nutricionista, porque su sobrepeso no puede ser normal, bla, bla, bla. Estaba enamorada de un muchacho que se llamaba, ¿Emilio?, y él no le paraba.

No hay ninguna prueba en mi contra. Los datos descartan que pudo haber ocurrido algo. Primero, la autopsia no revela fractura de cráneo. Yo creo que ella salió de allí... fíjate que 15 días antes, en el centro de Caracas habían intentado atracarla. Le quitaron el koala y el celular, y ella se lo quitó al tipo. Esa noche ella salió, y sale para no sé dónde, óyeme, lo siguiente es importante (por cierto, Emilio es uno de los sospechosos, se va del país, y no lo interrogan, ¿raro, no?), y entonces, yo me voy. Hablando de pacientes, hay una mujer bellísima llamada Brenda Méndez. Ella vive en Santa Fe, en Los Manolos. Yo he salido con ella, dos o tres veces a cenar, sin sexo. Yo soy un despistado, a las ocho de la noche, una hora después, ¿cómo es que la golpeo, cómo la monto en mi carro donde no hay huellas de luminol, cómo la llevo a un lugar que llaman Parque Caiza, en Guarenas, que no sé dónde queda? ¿Cómo es que yo hago todas esas cosas y puedo estar a las ocho de la noche por allá? ¿Qué ocurre? Hay llamadas mías a Brenda porque la iba a invitar a comer, y en eso, estando en la bomba de gasolina, despistado, buscando la dirección, pasa Mercedes Contreras, una ex jueza cuyo hijo es paciente mío. Me invitó a su casa, y estoy con ella desde las ocho hasta las once y media de la noche. Ella es uno de los testigos clave. ¿Cómo pude matarla, y a golpes, sin huella de sangre? Excepto la gotita esa, donde además, ¡debe haber gotitas de mucha gente! ¿Cómo puedo cargar 85 kilos yo solo? Me dicen los expertos que esos son 170 kilos, el doble. ¿Cómo la llevo a Parque Caiza, donde aparece? La fiscalía no ha presentado a ningún cómplice. Sobre ese vigilante que me dices de El Cedral, yo no lo amenacé. Todo lo que hice fue llamar una vez al portero de El Cedral para que testificara si me había visto esa noche cargar un cuerpo. No lo voy a llevar de testigo porque él no vio nada.

También tengo una explicación para los que dicen que yo alteré las pruebas de luminol del carro con rastros naturales. Unos días antes, viniendo yo por la avenida, una vez tuve un *chou chou* que me trajeron de Viena, iba a ensayar mis habilidades de psicólogo con él, el *chou chou* es un animal muy grande, entonces yo vengo por la Cota Mil y veo un *chou chou* herido, que seguramente lo atropelló un carro. Yo enseguida me paro y lo veo, lo meto en mi carro, me lo traigo y mi sobrina que es veterinaria, y entonces el carro tiene la sangre normal del perro y el sucio, incluso lo paso al otro carro, y entonces como las maletas quedaron sucias del perro, entre Yilma (la señora que trabaja en la casa), y la sobrina, lavan el carro con jabón. ¿Dicen que no estaba lavado, que estaba sucio, y que lo que encontraron fueron sustancias inorgánicas de frutas que neutralizan el efecto del luminol? Pues no sé qué combinación utilizaron Yilma y mi sobrina. Quizás habían hecho mercado de frutas. El perrito murió finalmente. Ella no tiene consultorio, se lo llevó, no sé adonde, en fin…

Terrible todo esto. Una vida como la que yo he vivido, y de pronto expuesta a esto. Quince mil historias en Venezuela y otros países, sin ningún incidente de ningún tipo. No solamente de orden psiquiátrico. No soy agresivo con nadie. ¿Algunos colegas dicen que soy agresivo? No. Polémico sí.

Aquí no hay ningún homicidio. Los abogados están convencidos de mi inocencia como cualquiera que crea en mi versión. Para mí son los fiscales los que están montando esto. Hay un vínculo entre una vecina o familia de la mamá que trabaja en Miraflores que a su vez y que es amiga de Luisa Ortega. En el expediente no hay ninguna prueba. Las pruebas son que ella escribía en un blog de Internet que no consta que sea ella. O un escrito que tenía relación y sexo, que me amaba, bla, bla, bla, y que le vendía a las amiguitas, un poco para compensar sus carencias de autoestima porque me imagino que no le era fácil conquistar a nadie. ¿Me imaginas a mí, que he tenido tan bellas mujeres, con ella? Ella decía que se había levantado al psiquiatra para darle celos al Mauricio, yo no sé. Lo cierto es que ella vendió una historia distinta a la que tenía conmigo en el consultorio.

Exactamente ella no me amenazó con desacreditarme. Después fue lo del anónimo. Ella conmigo era la mujer más afectuosa y cordial que te puedas imaginar.

No sé en qué carro se montó al salir de mi consultorio. No la mandé en taxi. En otras ocasiones distintas sí lo hice como hago con otras pacientes. En dos oportunidades le di la cola a la Plaza Venezuela y a El Paraíso. Pero eso lo hago con muchas pacientes que salen a las nueve, diez de la noche, y no tienen carro. Las llevo, las monto en taxi. Yo le tenía aprecio a ella, a pesar de lo fastidiosa que era.

¿Verdad que es una cosa rara que con tantos muertos del fin de semana, el cuerpo de ella haya aparecido tan rápido? La noche del sábado como ella no había llegado a la casa, me llamó su mamá, me dice, «doctor Chirinos lo estoy llamando porque quiero saber si mi hija está con usted». Le digo, «no». «Yo lo sé todo», me dijo ella. «¿Qué es lo que usted sabe?», le pregunté. «Que la niña estaba con usted». «Bueno, sí, estaba conmigo hasta las ocho de la noche». En la mañana hubo dos llamadas más, de una muchacha y un muchacho a mi casa. Me dicen, «lo estoy llamando porque Roxana no ha regresado de su consulta», porque ella sí les dijo a las amiguitas que iba a consulta. Les dije la verdad, «sí estuvo en consulta y ella se fue muy bien. Es más, me acuerdo que estaba empeñada en hacerse el balón, la convencí de que agotara las dietas». De las llamadas de la mañana, una admitió que hablaba en nombre de una amiga de ella, y la otra era un muchacho que no dio su nombre. «Quiero saber si ella estaba con usted anoche», me preguntó la voz.

Ahora, cálate esto, ¿cómo se explican las llamadas de su

celular? A amigas, a familiares. La fiscalía tiene que tener ese celular. No es que estaba viva, pero quien la mató se quedó con su celular.

No hay una sola prueba en mi contra. El zarcillo se le cayó el día que yo la examiné a ella. Eso y las gotitas de sangre. No hay más sospechosos porque no los han buscado. Son una pila de locos. Te digo, el Ministerio Público no sirve para un carrizo.

¿De qué murió Roxana? ¿Lo digo como médico? De una hemorragia subdural. Una caída... uno tiene tres membranas, la aura madre, pegada al cerebro, la aracnoide, y la que va por fuera que es la subdural. Un golpe que se dio en la cabeza, la empujaron y la golpearon. Hay escoriaciones que la fiscalía interpreta que fue cuando la lanzaron al basurero.

Que como psiquiatra, ¿cómo interpreto que a esa niña la lancen a un basurero? Alguien que pensó... a mí me han dicho los policías que saben de eso, que es frecuentísimo que en ese lugar boten cadáveres. Es más, que esa noche había dos, no solamente ése.

¿Diagnóstico de ella? Roxana sufría una forma de esquizofrenia simple, un tanto bipolar, en buena medida determinada por su problema físico. Ella tenía los brazos con heridas. Ella es una asociación de pacientes bulímicas y anoréxicas; hay recomendaciones y una de ellas es esa, herirse; su problema mayor era su sobrepeso.

La mamá es una pobre mujer, muy elemental. Las versiones son las mismas. Mientras ella está en la espera de que esto se resuelva, todo el mundo le habla maravillas de mí. De Valle de la Pascua han venido a decirme que cómo es posible que a mí me hagan esto. He recibido muchos gestos de solidaridad. Lo que pasa es que como yo soy poco sociable...

Mi rutina en estos momentos... me levanto tarde porque me acuesto tarde. Primera vez en mi vida que veo telenovelas. Me levanto como a las ocho, nueve de la mañana. Leo prensa, veo algunos programas en la mañana, me gusta ver el 33, con las muchachas esas, ahora. A veces ValeTV. Estoy escribiendo una crítica dura al estamento político. Hago poco ejercicio, tuve una hernia que me operaron recientemente. Como sano, aunque como de todo. Me conservo bien, sin problemas. Alguna que otra visitante amiga viene. Yo soy un excelente amante, ni una sola mujer se ha quejado. A todas ellas les encanta.

¡Yo que he tenido tantos romances! Mujer que me gustaba, mujer que yo buscaba y poseía. Ninguna se me podía negar. Tal vez por mi soledad, es posible que en esta etapa otoñal de mi vida, que además de mis libros, aparezca una mujer con quien tenga una relación estable. Es una opción, muy remota.

Nunca me he visto con un psiquiatra, valga la inmodestia. Yo te confieso que si viera algún síntoma, si yo fuera ansioso, estás hablando con alguien encerrado en su casa hace muchos meses, siendo inocente, con dos policías en la puerta, y eso no me ha alterado para nada emocionalmente. Filosóficamente sí. Porque mi proyecto, el primero que sigo amando, es mi ejercicio profesional. A mí me complace ver a pacientes, y nunca he tenido alteración alguna.

Yo sé que estoy bien.

CAPÍTULO V

RÓMULO LANDER*

A juzgar por lo que ha trascendido a los medios de comunicación sobre el expediente policial de Edmundo Chirinos, quisiera hacer un comentario, sobre lo que es el ejercicio de la profesión y la personalidad de un psiquiatra. Conozco a Chirinos desde cuando yo era muy joven en 1959, siendo yo interno en el Hospital Psiquiátrico de Caracas. En esa época el Hospital Psiquiátrico ofrecía el único curso de postgrado de Psiquiatría Clínica que había en Caracas. Con Chirinos, tenía contacto en relación con pacientes que había que ingresar, historias que discutir, cosas profesionales, muy puntuales. No compartía con Chirinos su postgrado porque yo todavía estudiaba Medicina. Después él sigue su camino profesional y yo el mío. Él tenía una orientación diferente. En esa época, digamos 1960, el psicoanálisis no existía en Venezuela. No había ninguna sociedad de psicoanálisis, ni grupos de psicoanalistas. Lo que había eran grupos de psiquiatras biologicistas que pensaban que la enfermedad mental debía ser enfocada desde un punto de vista biológico, por lo tanto el tratamiento era biológico, y a lo más, una

---

* Médico (UCV), psiquiatra clínico (UCV), psiquiatra infantil (Harvard University), y psicoanalista. Miembro y ex presidente de la Sociedad Psicoanalítica de Caracas, analista didáctico, supervisor y profesor en el Instituto de Psicoanálisis de Caracas. Docente y supervisor de tres postgrados universitarios de Psiquiatría y Psicología Clínica. Autor de múltiples trabajos y cinco libros sobre sus especialidades.

cosa que llamaban rehabilitación social, que tenía que ver con habilitación en algún tipo de trabajo. Como en el Hospital Psiquiátrico había una fábrica de colchones, y una carpintería, los pacientes trabajaban allí. Se rehabilitaban entonces desde el punto de vista laboral, pero no había nada psicoanalítico. Eso enfrentaba las ideas de Sigmund Freud, con la propuesta de que en el aparato mental hay un inconsciente llamado el inconsciente freudiano. La otra tendencia decía que eso era un invento, que eso no existía, que era una fabricación de la poesía. Chirinos entre ellos. Entonces lo que hacían era el diagnóstico de las enfermedades a través de los síntomas, y el tratamiento de acuerdo al diagnóstico. El tratamiento eran pastillas, electroshock –shock de insulina–, aislamiento social a través de la hospitalización, etc.

Esto te lo digo porque en el curso de los años, entre 1960 y el 2000 –son 40 años– Chirinos tiene todo su desarrollo profesional, todo su desarrollo académico, en la universidad. Y todo este desarrollo es desde el punto de vista personal de él, por lo que todo lo que él enseñaba en su cátedra de Psicología de la UCV, donde fue decano, pasaba por su convicción de pavloviano, en donde pensaba que el ser humano estaba como ordenado según una capacidad de respuesta, un condicionamiento social político, como los perros de Pavlov. Por lo tanto, promovió la idea sobre algo que se llama la corriente reflexológica de Pavlov, ese ruso del fin del siglo XIX y comienzos del XX, que experimentó con los perros que eran entrenados mostrándole comida, fabricando los jugos gástricos para procesarla, y luego, al enseñarle la comida sin dársela, igual procesaban los jugos gástricos. Lo llamaron reflejo condicionado, y eso, lo transportaron a la vida social.

Ellos lo ven igual a nivel de relaciones de Estado, con el pueblo. Como con los perros, creen en un condicionamiento operante reflexológico. Quienes seguían esa corriente, hicieron una práctica y una teoría apoyadas completamente en contra del psicoanálisis. Para darle posición a esta teo-

ría reflexológica, era necesario tratar de destruir las ense-
ñanzas de Sigmund Freud, quien plantea que el drama del
ser humano no es por el condicionamiento reflexológico,
sino que el drama del ser humano es que pasa toda la vida
dividido entre unas cosas que piensa, que se propone con
su voluntad, y otras que dice la parte de la mente que no
controla, que aparece en los sueños, en los síntomas, en
los delirios, que son producto del inconsciente porque esa
parte no la controla el ser humano.

Ese es el drama del ser humano. Vivir dividido entre
un consciente y un inconsciente. Yo soy psicoanalista. He
dedicado mi vida entera a eso y veo a Chirinos del lado de
allá, enemigo del psicoanálisis, que ha pasado su vida pro-
poniendo ideas diferentes, cosa que respeto. No estoy en
contra de nadie. Ellos sí están en contra del psicoanálisis.

Eso hace que en mi vida profesional nunca me haya
topado con Edmundo Chirinos. No le he visto la cara más
allá de las fotografías del periódico, cuando estaba de decano, rector, en su actuación política, etc. Nunca he tenido
con él problemas de ningún tipo. Para mí es un político
más, que opina del país según su criterio y sus ideas.

Cuando apareció en la prensa el problema de Roxana
Vargas, me sorprendí. Me pareció poco creíble que una persona académica, culta, pudiera estar metida en un crimen
con una paciente. Un asesinato, y además, esconder un
cadáver. Mi reacción inicial fue no creer esto, un poco dis-
torsionado quizás por algunas cosas policiales. Me parecía
increíble, totalmente fuera de lo común.

Me da lástima con él si es inocente, pero también me la
da, si es culpable, porque mostraría el deterioro mental de
un hombre que fue muy brillante, muy activo.

Los psiquiatras son diferentes a los psicoanalistas. Nosotros para ejercer, necesitamos hacer un psicoanálisis personal. El mío duró dieciséis años. Los primeros nueve años

fueron cinco veces por semana, después se redujo a tres veces por semana. Luego uno sigue si quiere. A mí me parece una maravilla poder tener una persona con quien uno habla libremente sin ser juzgado; un diálogo donde uno va a tratar de entender lo que hace y por qué lo hace, y qué es lo que habita en la mente de uno. Eso ayuda mucho al ejercicio profesional, que es muy antihigiénico porque uno pasa diez, doce horas al día, oyendo locuras y eso es peligroso para la salud mental de un analista. Oír tanta locura día tras día, tratando de mantener una neutralidad, tratando de mantenerse sin prejuicio para poder entender lo que le pasa al otro, y que el otro entienda lo que le pasa.

Prefiero el diálogo a las pastillas. No creo que las pastillas produzcan inteligencia, ni conocimiento, ni manera de entender lo que a la persona le pasa. Eso sólo viene con el diálogo.

Los psiquiatras no tienen eso. Casi todos consideran que no necesitan tratamiento para la mente porque se sienten sanos. Pero nadie es sano. Nadie en este mundo no nació de mujer. Nadie está exceptuado de tener recuerdos difíciles, traumas, desilusiones, traiciones, la vida misma. Entonces es absurdo pensar, allí están los enfermos y aquí estamos los sanos. En un hospital los que tienen la llave, que son los doctores con una bata blanca, esos son los sanos, los que están del lado de allá de la puerta son los que están enfermos. Esa división es totalmente absurda.

Chirinos es un hombre que ha ejercido durante 40 años o más. Lo que puede ocurrir es lo siguiente: la persona mantiene una especie de cordura, de sentido común, es capaz de mantener su lugar profesional como psiquiatra y atender correctamente a las personas que buscan su ayuda, pero él como yo, como cualquier persona, está en peligro de que a lo largo del ejercicio profesional, su capacidad de sentido común, de percibir la realidad correctamente, de discriminación, se pierda, por razones variadas, bien sea por la historia de su infancia, o del deterioro de sus arterias cerebrales por la edad. Puede ser por distintas causas, o por circunstancias de su vida, porque ha perdido su dinero, o no tiene quien lo quiera. Entiendo que vive solo, que no ha tenido compañera; puede que algo de eso lo afecte. El peligro, es que sus capacidades mentales pueden haberse deteriorado. Y si él sufre una pérdida de sus capacidades mentales, él puede comenzar a cometer locuras.

Las fotografías de pacientes semidesnudas, o videos donde él hace sexo con pacientes, para mí entran en el capítulo de la locura. Eso es absurdo, insólito. Es más que un problema ético. Es una total pérdida de la realidad del profesional psiquiatra. Uno puede decir, ese señor está loco. Comenzó a actuar de manera inescrupulosa, delictiva, no ética, y hasta psicótica.

Lo otro posible es que él haya venido actuando así desde hace mucho tiempo, en relación a que en el expediente hay fotos de hasta décadas atrás. Entonces estamos ante otro problema: el de un psiquiatra que tiene una doble personalidad, dos caras, una es la de un decano, un rector de la universidad, un político de izquierda que defiende la igualdad social o la igualdad de oportunidades, y por otro lado tiene una práctica psiquiátrica donde las relaciones profesionales con sus pacientes desvían hacia una vinculación sexual. Es como si él dijera que el tratamiento psiquiátrico de las pacientes es tener relaciones sexuales con ellas. Por lo menos estamos hablando de mujeres, quizás de hombres también, eso no lo sabemos. Eso sería una doble realidad.

Desde el punto de vista del psicoanálisis, es posible que una persona tenga una escisión vertical de la personalidad que es distinta a la escisión horizontal. La horizontal prefiere la represión donde la persona tiene reprimidas o desconocidas partes de su mente, pero que desde donde están, en el inconciente reprimido, producen efectos, que son los síntomas. Pero en el caso de Chirinos, es vertical; una parte de la personalidad es conciente, sabe lo que hace, tiene que ver con su vida sexual delictiva, antiética, disparatada con los pacientes, y una vida con su personalidad que no tiene nada que ver con la sexualidad, sino tiene que ver con el sentido común, el buen juicio.

Cuando uno utiliza ese enfoque, no se necesita una etiqueta diagnóstica, porque no ayuda nada. Decir que Chirinos sólo es un psicópata, es una etiqueta de acuerdo a una conducta, en la cual la incorrecta es la psicopática. Nosotros enfocamos la cosa de manera distinta. Tratamos de entender los mecanismos mentales que hacen que la persona funcione de esa manera.

Chirinos de siempre, ha sido un seductor exagerado patológico.

Esa división de la personalidad, esta escisión, no es tan definida porque su actitud indiscriminada no sólo funciona dentro de un lado de su personalidad; en la otra también está. Entonces esa división no es tan marcada. Las divisiones de la mente no son entre blanco y negro. Puede que de repente, ejerciendo su función de profesor, tendría que tener una limitación ética en relación a sus alumnas, porque tiene una relación de superioridad con ellas que es limitada por la ética, de no poder abusar de esa posición de poder. Pero él también viola y seduce a sus alumnas.

Lo hace sin remordimiento. Esto ya es territorio mitológico, porque, ¿cómo sé yo que él no tiene remordimiento? ¿O cómo lo sabe alguien? Pero como uno ve lo repetido del asunto, la forma como vive, la naturalidad con que hace las cosas, el orgullo de tener éxito de seductor, todo eso hace pensar que hay poco sentimiento de culpa. Ese argumento se sostiene por una lógica, aunque quien sabe es él, uno opina, se aproxima. El hecho de que él tenga poco sentimiento de culpabilidad habla, además de esta escisión de su personalidad, de otro problema: es una función ética de censura de lo que Freud llamara el súper yo, que Chirinos la tiene atrofiada, o la tiene yo diría, cómodamente adaptada a sus deseos. Porque no es posible decir que él carece de súper yo.

Llama la atención que él tiene posiciones políticas que aprueban unas cosas y otras no. Allí hay una función de juicio.

Pero el súper yo tiene características de deficiencia en lo que es su vida sexual. Entonces, en la vida sexual, Chirinos no tiene problemas en tener relaciones con quien sea, porque a él le parece bien. Sin restricciones. Una de las cosas que aparece más común en un ser humano, son las restricciones de su vida sexual, que se construyen en los primeros tres, cuatro años de la vida. Lo que nosotros llamamos el complejo de Edipo, donde un niño sale adelante cuando tiene cinco, seis años, con una serie de ideas claras de lo que es el bien y el mal, y sabe en tanto varón, que no debe tocar ni a su mamá ni a sus hermanas, desde el punto de vista sexual. Pero hay niños que no tienen eso, y pueden tener relaciones con su hermano y estar muy orgullosos. Eso ocurre porque en ese período del complejo de Edipo hubo una deficiencia de la formación de ese súper yo, que se sigue configurando con base en otras ideas. Pero en lo sexual quedó así. Puede que en su infancia este súper yo no se formó, y él queda en una especie de autopermiso de hacer lo que le dé la gana.

El deseo sexual es lo que lleva a una persona a actos sexuales, justamente porque hay presencia del deseo. En una forma ordinaria común, ese deseo sexual comienza a estar limitado, como ordenado a lo que permiten los ideales que van a hacer posible una relación sexual de determinada manera; entonces el deseo está como canalizado. Cuando Chirinos no tiene la canalización de ese deseo sexual, es como espontáneo, sin limitaciones, salvaje. Uno puede decir que el epílogo de ese deseo sexual, es la conquista de ese objeto sexual. El orgasmo es obtenerlo. ¿Cómo entra el poder en esto? La manera como yo lo veo es que él está ubicado en una posición de poder que le permite tener éxito, pudiendo tomar los objetos sexuales que él desea, sin limitaciones, sean sus pupilas, estudiantes, camaradas de partido o sus pacientes. Desde la posición privilegiada que le da ser psiquiatra, ser el profesor, ser el rector, ser el jefe. Esa posición del amo, lo coloca en la posición de poder, y estar allí, es lo que le permite tener éxito en su seducción y en la expresión de su deseo sexual. En ese sentido es que encuentro relación entre el poder y el deseo.

La otra parte es que las mujeres se sienten utilizadas, desvalorizadas y despreciadas. Yo veo ese epílogo como inevitable porque la mujer que es deseada a su vez desea, es decir es una relación mutua. Esa relación con Chirinos está condenada desde el principio porque él no tiene interés en que esa relación tenga futuro; para él es un encuentro de una semana. Después de un *round*, no la quiere ver más. Puede ser un asunto de diez días, pero lo seguro es que descalifica cualquier proyecto futuro, porque no está programado para convivir. Eso no está en él. La relación está condenada a concluir en breve. ¿Cómo se va a sentir esa mujer, cuando después no la quiera ni llamar? Se va a sentir utilizada y no valorada, lo cual está cerca de la idea de despreciada. Eso es inevitable. Es decir, quedan desengañadas. Creyeron algo que no existió. Una, tras otra, tras otra. Es una historia trágica.

En cuanto a Roxana, si es hija de una madre depresiva, es muy grave porque desde bebé va a carecer de la energía, la mirada con ilusión de la madre, porque la madre no está; está deprimida. No tiene ni la risa ni la ilusión. Terrible para la bebé.

En la historia de Roxana yo encuentro un elemento adicional al de la mujer desengañada. Es un elemento que puede ser llamado altruista, o en otro sentido, venganza. El altruista era denunciar a Chirinos para que él no engañe a otras mujeres, para detener su poder de seducción y de daño a otras pacientes, cumpliendo ella la labor de salvar futuras pacientes. Pero también puede haber una motivación vengativa. Él, que le hizo tanto daño, que no la quiere, a él lo va a denunciar para que no esté con otras mujeres.

Ciertamente, él debe haberse sentido muy amenazado.

Chirinos es capaz de mantener esa doble vida, yo diría que patológica, encuentro que es posible que esa misma personalidad pueda cometer un crimen. No lo veo imposible. Lo veo factible. Si lo hizo o no, no lo sé, pero una personalidad así, dividida, puede perfectamente cometer un crimen, es más sin sentir culpa, porque de la vida sexual de él, que es patológica a todas luces, de esa tampoco tiene culpa. Se puede decir que es probable.

Aunque la verdad de esa historia, la sabe ella que está muerta, y la sabe él. Pareciera que él se siente inocente. Que ni siquiera siente arrepentimiento o culpabilidad. Igual él se cree inocente de la conducta patológica sexual que ha tenido en su vida. Para la psiquiatría su práctica es una vergüenza. Que un psiquiatra —sea él u otro— tenga esa práctica, daña el prestigio de la profesión.

Los sociólogos que estudian el funcionamiento de la sociedad podrían responder por qué está sociedad colocó en un pedestal a Chirinos; o los religiosos que estudian la conducta moral de los miembros de esta sociedad; o los psiquiatras que reciben en sus centros a las personas más dañadas mentalmente de esta sociedad; o un psicoanalista que trata de comprender la conducta individual de un ser humano y cómo se puede entender la conducta de la sociedad. Todos podríamos tratar de explicar por qué esta sociedad colocó a Chirinos en un pedestal.

Freud, fundador del psicoanálisis, durante su vida profesional que duró 50 años, escribió ciertas obras tratando de responder por qué suceden estas cosas. A Freud le tocó vivir horrores, así como ahora los venezolanos vivimos el horror de la historia del crimen de Roxana y de tantos otros. En la Primera Guerra Mundial, muchos familiares de Freud murieron, y él comenzó a reflexionar, preguntándose por qué en la sociedad se matan unos a otros. Escribió un texto, *¿Por qué la guerra?* Y te digo, el ser humano trata de evitar el dolor, no estoy hablando del dolor físico, me refiero al dolor psíquico. El ser humano trata de evitar el dolor psíquico que muchas veces viene por la vía de lo que nosotros llamamos angustia. Entonces el ser humano trata de evitar el dolor. Cuando tú le informas a una persona de algo horrible, esa persona se asusta, puede entrar en angustia, y el común de las personas, lo más frecuente, responde utilizando un mecanismo mental para aliviar la molestia de la novedad. Eso se llama la negación, un mecanismo mental. Otro mecanismo parecido, un poco distinto pero que cumple la misma función, se llama la desmentida. Entonces los seres humanos usamos la negación y la desmentida. ¿Para qué? Para salir adelante a hacer una vida sin tener en tu mente una historia trágica. Si es negación, tú lo olvidas y no lo recuerdas. Si es desmentida, lo apartas, pero sigues recordando. Eso termina en complicidades, que es ley de todos los días.

No quiero hacer comentarios políticos, pero sólo basta abrir el periódico para ver cuántos cómplices pasivos o negadores hay en nuestra realidad venezolana todos los días.

El ser humano es complicado, muy complicado. Es la condición humana. En el mundo. Mientras más civilizados somos, que significa más adaptados a reglas comunitarias, más neuróticos somos. Porque la civilización va en contra del ser humano. La naturaleza humana es animal, pero entramos al mundo de la civilización y frenamos eso. Salimos del mundo de los animales y entramos a la prohibición del incesto y del parricidio. Tú no le levantas la mano ni a tu madre ni a tu padre, y tú no tienes relaciones con tus padres. Eso no tiene que estar escrito en algún lado porque está en la mente. Es un valor civilizado. Pero eso, neurotiza al ser humano. Porque tienes que disfrutar la vida con esas prohibiciones.

Desde el punto de vista del psicoanálisis, toda relación humana está sometida a un vaivén de emociones. Eso no es nada extraordinario. Estoy diciendo algo obvio. Cuando hay una relación de emociones, eso se llama transferencia. Es decir que la transferencia es universal, no es nada raro. Esa transferencia puede ser de cualquier tipo, puede ser de admiración, de miedo, de odio, de sumisión, de rechazo, de lo que tú quieras, pero es una relación emocional. Nosotros los psicoanalistas tenemos la propuesta de estudiar esa relación tan común, y por eso decimos que esa relación emocional tiene que ver con la infancia de la persona que siente lo que siente.

Cuando tú trabajas con un paciente, igual va a haber transferencia, pero tú como profesional de antemano ya sabes. Si esa relación de transferencia la pones más intensa, puedes decir que el paciente admira a su psiquiatra, lo ve como un sabio sí, y uno tiene que saber eso. Pero uno, no se lo cree. Porque yo no soy ningún sabio. Pero el paciente me ve así, es lo natural. Y esa relación de transferencia no se usa. Jamás. De las pocas cosas que uno puede decir –porque lo que uno hace es oír– las dice para que te escuche el paciente. Pero utilizar la transferencia con propósito de alguna otra cosa, está prohibido en el Código de Ética de la Asociación Internacional de Psicoanálisis que arropa a todos los psicoanalistas del mundo. Es un Código de doce principios. Uno de ellos dice eso: no se puede usar la transferencia ni para beneficio económico, ni político, ni social. Eso es un delito. Mucho menos sexual. Son delitos éticos gravísimos.

Este tema de Chirinos hay que hablarlo, aunque es realmente doloroso.

MIGUEL ÁNGEL DE LIMA**

Groucho Marx: «Estos son mis principios pero si no te gustan, tengo otros».

Chirinos profanó el consultorio. Y manejó su capacidad de infundir miedo.

Cuando uno habla de psicopatía, habla de un tipo de trastorno de personalidad. Esa es una categoría relativamente nueva dentro de la manera de clasificar las enfermedades mentales. La neurosis y la psicosis responden a distorsiones muy profundas en el carácter, y que en el campo de expresión de esas enfermedades, se expresan preferentemente en las relaciones interpersonales. Estas distorsiones se agrupan en *clusters*, que significa manojo, puñado. Unos, son excéntricos, raros. Los segundos, los *borderlines*, son llamados límites, fronterizos; el *border* trastorno narcisista, el trastorno psicopático o antisocial de la personalidad. Pero al final, lo que uno ve, es que la persona tiene una mixtura de todos esos rasgos. Que no es lo mismo tener rasgos, que el trastorno bien definido. Porque rasgos tenemos todos.

En Chirinos hay una mezcla de rasgos, con muchos de estos trastornos juntos. Se puede hablar de trastorno mixto de la personalidad.

Visto su caso, por las pruebas hechas públicas hoy por hoy, se evidencia el trastorno narcisista.

Los narcisistas son más ajustados social e intelectualmente. En ellos está marcada la ambición, la búsqueda de poder. Se trata del típico retador. Los políticos del mundo tienen mucho de esto. Todos somos fichas para sus intereses. Hay una necesidad de exhibición para que se les vea.

** Psiquiatra, Máster en adicciones (UCV), drogodependencias (Universitat de Barcelona), profesor de Psiquiatría e Historia de la Medicina (sector de salud mental); especialista en adicciones, medicina psicosomática, humanismo de la medicina.

¡Díganme que soy grande! La tendencia hacia la grandiosidad, la megalomanía, el egocentrismo. En esa búsqueda de la satisfacción de sus deseos, es muy fácil que exploten a los demás, que utilicen a la gente sin piedad, de manera inmisericorde, implacable. Porque no sienten culpa. Eso de los escrúpulos, el remordimiento, no existe.

Chirinos es incapaz de amar. Sólo se quiere él. No puede generar un vínculo real con nadie.

También está su incapacidad de aprender de la experiencia. Es como el cuento del escorpión: «Yo soy así, no puedo cambiar eso». Apliquémoslo a este caso. Si yo estoy en las postrimerías de mi vida, estoy a punto de retirarme a mis cuarteles de invierno, con una trayectoria pública intachable de más de 50 años. Si fui construyendo mi carrera a pulso, ascendí por los caminos que sea, pero ascendí, ¿por qué terminar así? ¿Por qué no me retiro a mis 70 y pico de años?

Porque soy insaciable. Eso es lo otro: la voracidad. Niñas, mujeres mayores, gordas, flacas, rubias, negras, 400, 500 fotos.

Si uno tiene que definir en un solo enunciado qué es un psicópata, hay que afirmar que es una persona capaz de todo. Algunos de ellos llegan a decirlo: «Soy capaz de todo», y están hablando en serio. Incluso hasta para dar el último paso, el que históricamente ha sido más sancionado, que es disponer de la vida de otro con sus propias manos, porque también hay algo en el disfrute de hacerlo personalmente, no a través de una orden a terceros.

La crueldad. Estas personas tienen antecedentes desde que son niños de crueldad, por ejemplo, con animales. Se trata del típico niño que mata animalitos, o los maltrata. La personalidad psicológica se conforma en los primeros cinco años, y comportarse de esa manera a esa edad, significa una conducta que busca hacerle daño a alguien, que en este caso sería un animalito indefenso.

Tiene tendencias también a las adicciones, a medicamentos, sexo. Luego todo se va imbricando. La capacidad de generar daño es directamente proporcional a la cuota de poder que tienen. Son entonces más peligrosos. La larga mano del perverso. Y así acaban con una comunidad, un pueblo, una región, un país. Si son bien dotados intelectualmente, su capacidad para ser astutos, para esconderse, para maniobrar, es mayor.

Pero no está loco, eso es mentira.

Trastorno es una alteración de lo sano. No toda alteración conductual, comportamental, implica locura. Algunos dicen que son tres las estructuras de la personalidad: es neurótico, o es psicótico, o es perverso. El loco es el psicótico: pérdida de control de sí mismo, alucinaciones, delirios, falta de conciencia de enfermedad. Usualmente lo niegan.

Los trastornos de personalidad siempre tienen que ver con la relación social. Los *border* tienden a psicotizarse. Entran y salen, eso contribuyó a generar esa categoría. Es el grado de disociación, un desdoblamiento del contenido psicológico, bajo una máscara. Pero en el caso del psicópata, tú eres un instrumento, una pieza que yo voy a mover para satisfacer mis deseos. Me satisface controlar al otro, someterlo y humillarlo. Sus relaciones surgen de su aura de grandeza.

Pero hay un vacío entre lo imaginado y lo que son en la vida real. Y algunos, para no sentir la gran angustia del vacío, necesitan matar.

Una comunidad puede perder la perspectiva de evaluación de un personaje.

¿Está la sociedad enferma? Sí. Parece que se premia la mentira, los fraudes, el engaño. La sociedad en pos del éxito. ¿Cómo hago para ser reconocido delante de mis pares? Soy capaz de todo para obtener prestigio, fama, dinero. La masa se vuelve insaciable. La sociedad de consumo. Consumo sexo y consumo personas. Esa es la regla. Terrible. Duro que la gente cuando envejece salga del mercado sexual. ¿Acaso no vale nada?

Nos estamos despersonalizando. Nos estamos deshumanizando. La dicotomía del todo o nada.

Chirinos se derrumbó y pasó a ser desechado. Se acabó.

CARMEN VALLENILLA[***]

Zeus es Dios, el Dios griego, y a los psiquiatras nos seduce la simbología. Cuando hablas de Dios, hablas de Zeus. Le puedes poner cualquier nombre, Dios, Alá, Jehová, pero un personaje como Chirinos, se siente Zeus. Porque Zeus tiene unas características, y ninguna religión te habla de las características de Dios. Sin embargo, tú tomas un libro en el que se hable del arquetipo de Zeus, y allí está. Tú sabes que es Dios. El personaje Chirinos se describe solito como si fuese Dios, pero no el de la religión, sino el Dios que vive en la época preolímpica, en la creación del mundo.

Creerse Dios se llama narcisismo. Y para ser narciso, tú tienes que tener un buen nivel intelectual. No sólo belleza física. El narciso es el personaje que tiene la razón, la verdad en sus manos. Es capaz de hacer milagros. Hipnotiza, cautiva. Todo lo que sucede a su alrededor se debe a él. Todo es producto de él, hasta donde su imaginación lo determine.

[***] Médico cirujano (Universidad de Carabobo). Psiquiatra (UCV). Miembro titular de la Sociedad de Psiquiatría de Venezuela. Adjunta al servicio de adicciones en el Hospital Centro de Salud Mental del Este «El Peñón»; profesora y encargada en la cátedra de Clínica Psiquiátrica en la especialización de Psiquiatría (UCV). Profesora en la cátedra de Clínica Psiquiátrica en Psicología y Enfermedades Mentales para Terapeutas Ocupacionales (Ministerio para el Poder Popular para la Salud); miembro de la Comisión de Expertos de Trastornos del Estado de Ánimo de la Sociedad de Psiquiatría de Venezuela.

Un narciso fácilmente se lleva la ética por delante. ¿Por qué no se la va a llevar? De hecho, juega constantemente con la fama. Si yo tengo acentuados los rasgos de narcisismo, obviamente me voy a ubicar en sociedades donde haya poder. Voy a procurar acercarme a la gente con más alto poder adquisitivo, para sacarle provecho a ello.

El comportamiento de Chirinos pareciera que no sólo tendría que ver con su narcisismo. Yo no lo te lo podría probar, pero siento que él tiene un problema con su sexualidad. Él puede gozar, disfrutar del poder que tiene sobre alumnos, pacientes, pero yo lo siento aún más bizarro, más complicado. Su confesión de cómo maneja la seducción, va más a otro terreno; claro, el ser narciso es como el ingrediente que hace de él una bomba letal. Además de otras características que tienen que ver con la falta de ética con los demás. Pasarse por el bolsillo del pantalón las condiciones con las que tú tienes que atender a un paciente. A él no le importa nada, ni nadie.

Para no ser tajante, en una evaluación se consideran los rasgos acentuados de un paciente, pero cuando aparece la patología, obviamente habrá un mal funcionamiento en cualquier área. Eso va a interferir en las relaciones familiares, laborales. Son muy difíciles las relaciones con un narcisista porque si vas en contra de todo eso, te anula. Si puede, te aniquila. Ese es el problema del narcisismo, la patología como tal. Te aplasta, te descalifica.

En el caso de Chirinos el narcisismo parece patológico. Habría que explorar un poco más, pero con él te puedes preguntar, ¿por qué te quiere engañar? ¿Por qué dice tantas mentiras sobre sí mismo? Es para que no lo descubras. Para que no detectes su falta, o su lado débil. Es para ocultar. En él destacan rasgos de un trastorno de la personalidad antisocial, que es lo que antes llamaban la psicopatía y ahora podríamos definir como trastorno de personalidad antisocial. Eso es lo que él quiere esconder.

Hay parte consciente y parte inconsciente. Lo que la gente ve de ti y lo que tú eres. Son cosas distintas. Para un personaje cuyo quehacer es diagnosticar, es una debilidad si te descubren cómo eres realmente. Tienes que ocultar tus fechorías. Porque además, los narcisos cuando son descubiertos se deprimen. Es lo que llamamos la herida narcisística. Es peligrosísima.

Los narcisos se sienten perfectos.

Chirinos cuenta que nace de la nada, tal vez porque para él un pequeño pueblo en el interior, en un pequeño país, es eso: nada. Para él, su verdadera existencia proviene de elementos bioquímicos. Tiene cuerpo, tiene psiquis, existe para presenciar como deidad la transición de la vida a la muerte, robándose ese último aliento de quien nos deja, o para tratar el alma de los poseídos por el demonio de la locura.

Establecer un diagnóstico clínico de este personaje sería obvio, ya que brilló tanto que nunca podría haber pasado desapercibido. Vivió en las alturas porque toda su líbido fue colocada en ello, para ello. Esa fue su meta… ¿su misión? O su designio desde que el Conde de Montecristo llegó a su pueblo natal y le prestó su nombre.

Sus dos obsesiones son la muerte y la locura. ¿Cómo establecer diferencias entre una y otra, si al fin y al cabo ambas terminan reposando en sus brazos?

«Yo siempre fui el jefe de la casa», «yo siempre me destaqué», «yo», «yo», «yo». Se describe de prodigiosa memoria, capaz de repetir cada frase de *El lobo estepario*. Brilla como director improvisado de orquesta por petición del dueño de la batuta, es escritor, admirado por Rómulo Gallegos y Pablo Neruda, y es casi un premio Nobel. Chirinos en toda actividad intelectual se coloca por encima del común y al lado de lo genial.

Rodeado de superlativos, de éxito ilimitado, siempre se coloca en el centro protagónico de todos los acontecimientos políticos, culturales y sociales de la Venezuela del siglo XX, con la característica inequívoca de haber ganado todas las batallas sin dejar enemigos: Dios no los tiene.

Chirinos narra haber sido celebridad en Nueva York, exiliado político a los 17, conspirador a los 20, profanador impune de tumbas para obtener los huesos de un cadáver, viajero itinerante fuera de su tierra, ubicado en los más prestigiosos centros científicos del mundo, aventuras muchas, rodeado de los personajes más importantes y populares de su época: en Broadway, Duke Ellington, Sarah Vaughan, Louis Armstrong; en Londres, Eisenek, Skinner, y hasta Bertrand Russell de paciente; en París, trabajaba en el centro de investigaciones científicas más importante del mundo, donde murió Rimbaud; en Marsella, subversivo, activista político junto al Ché y los rusos. Siempre en el centro de los grandes, de los importantes, de los genios.

Chirinos no habla de la familia. Sólo la menciona para tomar lo anecdótico que lo convierte en historia romántica.

Asegura no creer en Dios y dice que la vida es producto de procesos químicos. Y no me refiero al Dios en sentido religioso, sino en el sentido del amor. El amor que pueda aparecer en los padres. La familia tiene un nivel de importancia en cualquier ser humano. Tiene una significación afectiva. Para Chirinos es distinto. Lo que le interesa es lo intelectual. Si la vida es producto de una fórmula, de unos elementos, no hay vinculación afectiva con nada. Y eso es lo que le pasa. A Narciso tienen que amarlo. Él no tiene por qué amar. Él es bello, perfecto.

El amor es lo que da humanidad. ¿Qué afecto le puedes dar a la gente, si no amas?

Hay una carencia de empatía hacia el dolor de una pérdida. «Me acostumbré a vivir la muerte, no me importa la mía, ni la de nadie». Como una sombra, cuenta que se aproxima a los dolientes para ver la reacción después de la muerte de su ser querido; supervisa el cuerpo inerte que minutos antes él lo tuvo vivo, y luego lo recibió en el mesón de la morgue.

Llama la atención que cuando se le mencionan a Chirinos amigos o mujeres que fueron cercanos a él, su reacción es de absoluta indiferencia. Eso es falta de empatía. La empatía es la capacidad que tienes para sentir algo por otro, para conectarte afectivamente con el otro. El narciso, el antisocial, es incapaz de esa conexión. Por eso hace las cosas que hace.

Cuando Chirinos habla de la transición de la vida a la muerte, robándose el último aliento, impacta. Porque cuando tú eres médico, es verdad que te conviertes un poco en ese Dios que tiene la capacidad de alejar a la muerte. Pero eso es mentira. Los médicos sabemos que es mentira. Con el tiempo uno se da cuenta de que eso no es así. Y quiero detenerme en la parte en la que él describe la transición de la vida a la muerte, porque hay una mezcla de cosas. Cuando él hacía las autopsias, era estudiante de Medicina. Que se dedicara especialmente a eso por el puro interés de la muerte, por acercarse al moribundo, es perverso. Para ver cómo se muere, cómo es el último suspiro. Eso es como robártelo. ¡Eso, es robárselo! ¿Qué hace Chirinos ahí? ¡Y no es que le sucedió solo una vez! No. Él cuenta cómo se acercó a diversos pacientes con distintas patologías cuya muerte estaba a la vuelta de la esquina. Él estaba allí esperando que apareciese esa situación, para él ver, sentir el último suspiro. Arrebatándole ese momento hasta a la misma familia. Porque Chirinos cuenta que también le gustaba estar con el entorno, para ver la reacción. ¿Cuál reacción puede tener aquel que pierde a un ser querido? Entonces, esto se va pareciendo... es el placer, la líbido. Eso me lleva a preguntarme qué tipo de relaciones sexuales puede tener ese señor.

El hecho objetivo son las fotos de pacientes desnudas, o a medio desnudar, muchas de ellas sedadas, y según algunos testimonios, abusadas sexualmente.

¿Qué sucede con este personaje que tiene que sedar a las pacientes para tener unas relaciones sexuales con ellas, dormidas, inertes, anestesiadas, como muertas? Confiesa que sus obsesiones son la locura y la muerte. Hay un término que describe a personas que tienen trastorno en la sexualidad porque hacen el amor con muertos. Es necrofilia. ¿Será este el caso? Cuando se habla de trastorno es porque la única manera de tener un orgasmo es con un muerto. Todo indica que a él no le ocurre eso. Pero también tengo que decir que en la historia de Chirinos hay una cosa necrofílica en eso que él cuenta como placer, presenciar el último aliento, y en lo que además ejecuta: tomarle fotos a mujeres dormidas, y abusar de ellas mientras están sedadas.

Cuando Chirinos describe las autopsias, refiere que el muerto realmente lo es sólo después que le extraen las amígdalas. A un muerto, para quitarle las amígdalas, tú tienes que degollarlo. ¿Qué tipo de autopsia es esa? ¿Por qué lo degolla? ¿Para que no hable? Fíjate qué interesante, porque cuando él hace eso, dice que la persona se seca, y es cuando aparece la muerte. Digo qué interesante, porque sólo después de que él lo calla, es cuando para él está muerto. El silencio, para reafirmar la muerte.

Para Chirinos la sexualidad es un elemento central de su vida. Tal vez lo más importante. Pareciera que todo lo hace con ese fin. Sexo manejado para su beneficio y como relación de poder. Sexo para generar envidia en el otro. Tanto así que todo lo sexualiza. ¿Es esto una desviación? Claro.

Chirinos se procuró una imagen del amante que domina el arte de la seducción. Poesía, música, popularidad, dinero, política, son ingredientes que mezcla en forma magistral para crear el elíxir erótico y divino de hacerse irresistible, y consumir la fantasía de estar con quien quiera.

Amante de la fotografía, de la belleza, se declara amante de amar, de hacer, cuando en realidad con todo eso obtiene el beneficio personal de engrosar una galería. Tiene el privilegio de poseer el alma, la psiquis y el cuerpo desnudo, de quien le ha dado su gana.

Coleccionista de aventuras amorosas, es arrogante hablando de mujeres hasta el extremo de apropiarse de la castidad de unas monjas. Es soberbio encarando al mismo Hipócrates, al saciar su deseo con las que él califica como unas necesitadas pacientes. En eso está confeso. La despreocupación por la integridad de las psiquis de sus pacientes él mismo las justifica ignorando la ética, bajo el argumento de que ningún psiquiatra ha hecho alguna observación pública sobre el tema. Y hasta ahora, tristemente ha sido verdad.

La otra obsesión que Chirinos confiesa es la locura. ¿Qué psiquiatra no la tiene? Pero, ¿de qué manera lo puedes hacer? Yo me puedo obsesionar por la locura porque quiero saber por qué la gente es loca, de qué se trata. Pero ese cuento de que se hizo amigo de los locos porque jugaban con él metras en una plaza, ¿qué es eso? Yo no sé si es más interés que obsesión. Hay que recordar que él usa el superlativo, como buen narciso, megalomaníaco. Tal vez fue que perdió el miedo a la locura. Además, ¿realmente eran locos? Tal vez eran indigentes, alcohólicos. La verdad es que desestimo el relato en el que dice que luego de jugar metras con los loquitos, habría resuelto su obsesión. Lo veo más como una cosa sobrevalorada. ¿Por qué entonces se hace psiquiatra, si con eso resolvió su obsesión con la locura?

Mencioné megalomanía porque allí se llega después del narcisismo. Para el megalómano, todos sus pensamientos son extraordinarios. Son ideas extravagantes. Es una fabulación donde él es el protagonista de cuanta cosa sucede. Se cree que es lo máximo. Nunca piensa que puede hacer el ridículo. Parte de verdades parciales, menores, y él las magnifica. Ideas sobrevaloradas de las cosas, para colocarse como protagonista, como el hacedor de todos los acontecimientos. Un poco el Dios. ¿Y quién puede desmentirlo? Varios de los protagonistas están muertos. Hay algo fuera de tiempo. También narra episodios donde no hay coincidencia con la realidad, lo que deja en evidencia que existe una desorientación. Se puede haber agravado más por la edad. Tal vez por la circunstancia que está viviendo.

Yo me asombré cuando escuché a Chirinos en una entrevista por televisión decir que no sabía qué iba a hacer con las citas que tenía por el resto del año y que le preocupaba el destino de sus pacientes. Pero hay un aspecto más grave. La desfachatez para contar los procedimientos que utilizaba. Desestima todo lo que le rodea, en especial a sus colegas. ¿No se da cuenta de que está dando una entrevista por televisión, y que hay psiquiatras que están escuchando lo que está diciendo?

Chirinos afirma sin tapujos que es el único psiquiatra venezolano, y cuidado si del mundo, que tiene en su poder la teoría que explica la base neurofisiológica, etiológica de la esquizofrenia. Esto, además de arrogante, es falso.

Además, Chirinos no ha sido responsable en los tratamientos a supuestos esquizofrénicos. Ni en la medicación de la Clozapina, ni en la aplicación de la terapia electro convulsiva, mejor conocida como TEC.

La Clozapina es una molécula muy cuestionada, que comienza a ser utilizada como un antidepresivo por los años 50, y resulta que por esas cosas de la vida, que siempre suceden en los trabajos de investigación, determinaron que era un medicamento que funciona muy bien en los psicóticos. Hacen entonces estudios en los pacientes esquizofrénicos y se dan cuenta de que los efectos secundarios eran serios, y la sacaron de circulación. Se establece una especie de lucha en los laboratorios, y la Clozapina entraba y salía de los mercados, con presión de ingleses y alemanes que habían detectado casos de aplaxia medular después de su aplicación. Los laboratorios lograron producir otras moléculas.

En todo ese proceso, Chirinos siguió utilizando la Clozapina. El fármaco lo había usado desde que salió por primera vez al mercado. La verdad es que en su momento era mucho más eficaz que cualquier otro medicamento, pero si no se usa con precaución, puede generar la muerte del paciente. El fabricante había dejado claro el altísimo riesgo. Por eso es aplicada como último recurso, y para ser medicada se necesita de controles rigurosos semanales. Se debe, además, ser muy cuidadoso con la dosis y en la selección del paciente. Chirinos la ha utilizado tanto, que hasta se llegó a decir que tenía negocio con la casa farmacológica. Y la ha usado sin cumplir con los controles necesarios.

La indicación de esta molécula es solamente para pacientes que no responden al tratamiento convencional, cuando está descompensado, alucina, delira. Los médicos que se han arriesgado a utilizar la Clozapina la han debido medicar con el rigor debido.

¿Por qué Chirinos sigue utilizando un medicamento que se puede decir que está fuera del mercado por efectos secundarios? Lo más grave es que Chirinos ni siquiera cumple con la premisa de aplicarlo en pacientes esquizofrénicos que no hayan respondido a todo tipo de tratamiento. Y voy más allá. Está aplicando la Clozapina a pacientes que ni siquiera tienen esquizofrenia. Ese señor metió en el saco de diagnóstico de esquizofrenia, todo. Miente al decir que Roxana Vargas era esquizofrénica.

El otro tema es cómo Chirinos aplica la terapia electro convulsiva. El TEC tiene como indicación depresión grave, con ideación suicida. Han evolucionado tanto los aparatos para hacerlo, que los riesgos se han reducido. El uso del TEC no es tan infrecuente en el mundo, pero tiene sus indicaciones. Te repito, la depresión grave con ideación suicida.

Además, con resistencia al tratamiento. Y la esquizofrenia, cuando tampoco cede al tratamiento convencional.

El TEC consiste en resetear el cerebro. Te resetean para que neuroquímicamente el cerebro comience a estabilizarse cuando los medicamentos no lo logran. De verdad, a veces hay pacientes que no responden a un tratamiento, porque el comportamiento orgánico ante las medicaciones es muy específico.

Como indica su nombre, el TEC es terapia electro convulsiva. Te colocan uno o dos electrodos en la cabeza que van conectados a una máquina, frente a un cerebro enloquecido que neuroquímicamente no está respondiendo bien. Como cuando se guinda la computadora. ¿Cuál es el procedimiento? Si bien no necesitas la hospitalización, sí requiere la asistencia del anestesiólogo, de un personal adecuado, sobre todo para el post, porque hay desorientación y pérdida de la memoria, no sólo del momento del tratamiento, sino de lo que te pudo haber pasado antes del TEC, y después. En efecto, te despiertas en un estado de confusión. Lo de la pérdida de la memoria no le pasa a todo el mundo. Pero no es que imaginas cosas, como Chirinos pretende atribuirle a Roxana. Y la presencia del anestesiólogo se requiere porque te aplican una medicación que te anestesia, un fármaco con efecto de sedación profunda, que se utiliza en procedimientos quirúrgicos menores, y para realizar algunas evaluaciones médicas, como la endoscopia.

Obvio, cuando tú le metes corriente al cerebro, hay un choque eléctrico, la persona convulsiona, brevemente. Es un coñazo. Un solo choque. Es bastante efectivo. Puede variar el número de sesiones a la semana. Al paciente del TEC hay que procurarle una medicación para que produzca la relajación muscular, de manera que cuando tensione, no sea tan traumático. Se le coloca protección en la boca para que no se vaya a morder la lengua ni los labios. La sedación también trata de evitar el recuerdo de lo que pasó.

No genera sangramiento. Nada. De manera excepcional, podría sangrar un poco la nariz, pero por hipertensión, porque hay fragilidad capilar y aumenta la tensión. Es algo controlable, son gotas, porque es un conducto muy limitado.

Mi pregunta en cuanto a Chirinos, es si a todas las pacientes que les va a hacer TEC también les va a mandar el mismo medicamento, es decir la Clozapina. Además, ¿tantos TEC, a tantas pacientes, no conlleva un interés económico? Las sesiones son costosas. El eventual aprovechamiento económico de Chirinos sobre sus pacientes ha sido comentario frecuente entre colegas. Y más allá, llego a preguntarme si Chirinos hará el TEC de verdad, o si todo es con el objetivo de tener a las pacientes sedadas.

Roxana Vargas no era esquizofrénica. Chirinos da una explicación sobre lo que es la esquizofrenia absolutamente errada.

Hay gente que no tiene ética.

Por lo que he leído de Chirinos y de la víctima en su blog, me puedo arriesgar a decir que esta muchacha tenía un trastorno *borderline*, de personalidad. Una muchacha insegura, intensa, que idealizaba constantemente, con conductas autoagresivas, no sólo por cortarse, porque el comer de más –que se manifiesta en sobrepeso– es una manera de herirse.

Cuando uno habla de trastornos de personalidad, hay síntomas. Por ejemplo, los *border* son personas que idealizan, pero así como idealizan, denigran. Cuando no se cumple con su expectativa, igual de intenso como es el amor, es el odio. Y entonces aparece una cosa que se llama retaliación, la venganza. Me voy a vengar, esto no me lo haces tú. El *border* es muy inestable. Sumamente inestable. Y esa inestabilidad lo lleva a situaciones de alto riesgo, a exponerse. Lo que se llama el *acting out*. El actuar, arriesgarse a situaciones de peligro, poniendo en riesgo incluso su vida. Física y psíquicamente. ¿Cómo? Siendo consumidora de sustancias compulsivamente, siendo promiscua sexualmente.

Quiero referirme a un aspecto que Chirinos maneja con ligereza que es la transferencia y la contratransferencia. Aquí yo tengo que defender a los freudianos, aunque en lo personal no les tengo mucha simpatía, a pesar de sus indiscutibles aportes. Chirinos refiere que entre él y Roxana hubo transferencia. No estoy penalizando a un psiquiatra porque hable de la palabra transferencia. Lo que censuro es que él utiliza un término malamente, para justificar una marramucia.

Cuando se habla de terapia, sea freudiana, junguiana, lacaniana, porque hay muchas escuelas dentro del psicoanálisis, se habla de la transferencia y la contratransferencia que existe en la relación médico-paciente. La teoría es ésta: hay un nivel de comunicación entre tú y yo, consciente, durante la terapia, pero hay un nivel inconsciente. La transferencia es lo que tú como paciente sientes. Son sentimientos, es absolutamente emocional. Es lo que el terapeuta te genera. La relación entre un paciente y un psiquiatra, es como bailar. El terapeuta puede ser el mejor bailarín, pero si no se acompasa a su paciente o viceversa, no funciona. Y la contratransferencia es al revés. Es lo que el terapeuta siente con el paciente. Por eso es tan importante que los terapeutas tengan terapeutas. Y uno debe tener claro en qué soy, qué siento, qué es lo que el paciente me está mandando como mensaje. Porque cuando uno hace psicoterapia, maneja otro tipo de terminología que tiene que ver con la parte dinámica. Donde vas viendo también con más claridad lo que está haciendo el paciente. Si se está proyectando, si está desplazando su conflicto, si está haciendo una sublimación, está racionalizando o está negándose. Son los mecanismos de defensa que utilizan para sobrevivir a un conflicto. Cuando vas en búsqueda de ayuda, es porque no sabes salir de eso.

Siempre hay una relación con el paciente. Cuando hago terapia a los colegas, les pregunto, ¿qué sentiste por el paciente? ¿Tristeza, conmiseración, deseos de ayudar, rabia?

La transferencia es positiva o negativa. Si es positiva, el paciente continúa con el tratamiento, y si es negativa, se va. Si tú eres un buen terapeuta y ves que la transferencia es negativa, no permites que continúe la relación médico-paciente.

Que Chirinos diga que hubo transferencia positiva con Roxana, que ella se enamoró, que lo quería, que le tenía mucho cariño, perdóname, pero no. El cariño existe, o el agradecimiento, que es una forma de cariño. Una cosa es el cariño, la empatía, pero esto tiene un límite. Eso está entre lo normal de una relación porque tú te preocupas por tus pacientes. Eso es así, pero eso va tomado de la mano del rol del terapeuta. Lo que pasó entre Chirinos y Roxana, sucede porque él se aprovecha malamente de su rol de terapeuta, abusa y pretende manipular, atribuyendo a la transferencia lo que no es. Lo que ocurrió entre ellos, fue otra cosa.

Chirinos admite que tenía fotos de Roxana. Dice que ella estaba desnuda, pero que no hubo sexo.

En cuanto a las fotografías de otras mujeres desnudas –las que no estaban sedadas– sobre quienes él dice que no las obligaba, que posaban voluntarias... bueno, eso significa, primero que todo, que hubo una proposición. Yo me pregunto qué hace un psiquiatra tomando fotos a sus pacientes por mucho que le guste la fotografía. ¿Qué tiene que ver eso con la psiquiatría? ¡Nada!

Es muy grave lo que ocurrió. Porque hay que ver la confianza que un paciente deposita en su psiquiatra. Estamos hablando de una criatura chiquita como Roxana, con problemas, que viene de un pueblito del interior. Venir a pedir ayuda, y tener que enfrentarse a ese ser. Caer en manos de él.

Tal vez por eso su destino sea pasar el resto de su vida entre cuatro paredes, senil, desorientado, obsesionado con los recuerdos de lo que un día fue, o no fue. Rehaciendo historias fabuladas, porque la megalomanía no perdona al psicótico escondido en la estructura de su psiquis.

CAPÍTULO VI

El momento pudo haber sido solemne. Una sala de audiencias en juicio suele sobrecoger. Tres filas de bancos en paralelo, de esos de las iglesias, comienzan a ser ocupados por rostros anónimos. Delante de ellos, separadas por una pequeña baranda, unas sillas desvencijadas, junto a unas mesas, ubicadas en izquierda y derecha, alojarán a la defensa y a los representantes del Ministerio Público, que para los efectos, es la parte acusadora. Frente a todos, una tarima. Sobre ella, un largo tablón, para que la máxima autoridad judicial divise, escuche y dirija el debate. Hoy, esa autoridad, la juez 5° de Juicio, Fabiola Gerdel Santamaría, dictará sentencia. En su esquina, el secretario del tribunal, con su computadora, tomará nota. Un ventanal del lado derecho permite el ingreso de luz natural, la cual será aprovechada por una cámara que sobre un trípode grabará todo lo que allí ha de acontecer. Un mástil con la bandera de Venezuela da colorido al escenario. La asistencia, impaciente, mira unas hojas pegadas en la pared, con distintas instrucciones. Prohibido comer. Prohibido hablar. Prohibido tomar nota. Prohibido sentarse mal. Prohibido. Cuatro alguaciles, con chaqueta negra y letras amarillas en su espalda que dicen Poder Judicial, están a la caza de la desobediencia que, apenas aparece, les da el placer del regaño público. Suelen ser intimidantes.

La sala, por primera vez en más de seis meses de juicio está llena. Casi todos son familiares o amigos de Ana Teresa Quintero. Eufemia, madre de otra víctima de abuso sexual, está a su lado, en primera fila. Tres estudiantes de Derecho se ubican con interés académico. Un grupo de mujeres hace coro, al acecho de agresiones contra el género. Sólo al fondo, una pareja de señores mayores y una mujer de alguna edad se identifican con el acusado.

Los dos fiscales del Ministerio Público, Pedro Montes y Zair Mundaray, se colocan sus togas. También lo hacen los abogados de la defensa. Están dos: Gilberto Landaeta y Jorge Paredes Hanny. El tercero, Elio Gómez Grillo, no acompañará a su cliente durante la sentencia. Con paso ligero ingresan algunos empleados del tribunal. Las campanadas de la iglesia de Santa Teresa recuerdan que son las 12. Algunas mujeres se persignan. Es día de San Miguel Arcángel. 29 de septiembre de 2010. La espera ha sido larga. Han sido dos años, dos meses y 17 días sin Roxana.

Con discreción, el psiquiatra Edmundo Chirinos entró a la sala. En nada se parecía al hombre que algo más de seis meses atrás había iniciado su juicio. El traslado de su casa al Palacio de Justicia, siempre desagradable, hoy había sido peor: le colocaron esposas. Mala señal. Su traje, amarillo mostaza, forrado a su cuerpo, ya se mostraba arrugado. Su poco pelo, oscurecido y forzado a parecer abundante después de batirlo, se había convertido en hilachas para tapar la calvicie. Chirinos giró su rostro levemente, tratando de buscar alguna cara que lo mirara con gentileza. Detectó a sus tres amigos y movió la mano sonriente. Esta vez no picó el ojo. Tampoco miró hacia donde se sentaba Ana Teresa, como cada vez que asistía a esta sala. Por un segundo pareció lamentarse de su suerte. Es probable que en ese instante los pensamientos de Chirinos y Ana Teresa coincidieran en una misma persona: Roxana. Sólo que sus sentimientos eran muy distintos. Chirinos no se creía esta pesadilla. No podía entender cómo una joven, muy inferior para él, había logrado llevarlo a estar en una situación tan humillante: ocupar el banquillo del acusado. Lo culpaban de su homicidio. En cambio, Ana Teresa presentía justicia para Roxana y quería que regresara la paz a su alma. Al menos eso podría recuperar. A sus brazos nunca más volverían ni su hija ni su marido. En algo más de dos años, los había perdido a ambos. Su esposo, Antonio, había fallecido el 17 de septiembre de 2009 después de un accidente cerebro vascular. No soportó la tristeza de perder a Roxana.

Una voz, masculina, firme, ordenó: «De pie». Entró la juez Fabiola Gerdel. Alta, con paso seguro, en toga, dejó una estela de aroma que dejaba en claro su feminidad. Se esperaba que la audiencia fuera breve. Sólo ella hablaría, para sentenciar a Edmundo Chirinos por el asesinato de la joven de 19 años Roxana Vargas.

El 18 de marzo de 2010 Chirinos entró a la sala, sobrado, sonriente y con desenfado. Observó con curiosidad al escaso público presente, aunque sin detener la mirada. Como hacen los políticos. Con parsimonia, se ubicó en el lugar que habían dejado libre los representantes de la Fiscalía. Y con desparpajo, hizo un comentario que generó carcajadas en su equipo de defensa; uno de sus abogados llegó a golpear el escritorio con su mano, dejando claro que no podía contener la risa. Llevaba un traje gris hecho a la medida y su cabeza la cubría con una boina negra, para ocultar la cicatriz de una reciente operación y su calvicie tan detestada. Esperaba con ansiedad que su pelo creciera. Con agilidad al caminar, se coló en medio de sus abogados y después se sentó. Su cuerpo no representa los 75 años que lleva encima, pero su rostro sí. Las orejas no dejan de crecer. Al sentarse, mantiene la ligera sonrisa de lado que tanto le caracteriza, pero que por momentos puede parecer una mueca. Acostumbrado a ser dueño del escenario, se dio vuelta como si fuera el anfitrión de un evento y con un leve tono amenazante viró hacia tres jóvenes que estaban sentados en los bancos y les preguntó: «¿Ustedes son amigos de Roxana?». Los muchachos, con una seriedad imperturbable, giraron la cabeza, y como una exhalación se escuchó: «No».

Después del protocolo de rigor comenzó la primera audiencia. El turno inicial fue para Zair Mundaray. El fiscal 50, con competencia nacional, sorprendió a algunos. Hizo evidente que se había preparado con pasión para este caso. Con voz pausada, hizo un recuento de los hechos, con énfasis en las evidencias criminalísticas, que originaron la asistencia de todos allí. Ante la juez 5° de juicio, Fabiola Gerdel, solicitó para Edmundo Chirinos la pena máxima de 30 años de presidio por homicidio intencional, con el agravante de la Ley Orgánica sobre el Derecho de las Mujeres a una Vida Libre de Violencia, que en su artículo 65, parágrafo único, eleva la pena al máximo constitucional.

Durante la intervención del fiscal, Chirinos parecía imperturbable. Apenas el incesante traqueteo de sus dedos sobre el mesón podía revelar alguna inquietud. Su cabeza se balanceó todo el tiempo, negando el discurso de Mundaray. Su mirada, en cambio, persiguió con desafío la figura de la juez.

Luego le tocó el turno a la defensa. Chirinos se mostró más relajado. El criminólogo Elio Gómez Grillo encabeza su equipo de abogados. Se trata de un legendario personaje, que tuvo su época de gloria en el ejercicio del Derecho. Especializado en criminología, había destacado por defender los derechos de los internos, de las cárceles venezolanas. Con rostro bonachón, solía mostrarse crítico ante las injusticias y su labor era reconocida por cierta gente. Llegó a presidir importantes comisiones en distintos gobiernos, y por el de Hugo Chávez no ocultaba sus simpatías, aun cuando tal vez por su edad más nunca había sido tomado en cuenta. Muy amigo de Edmundo Chirinos, desde un principio asumió las riendas de la defensa −primero de manera informal, y luego formalmente− y fue el único personaje conocido que se atrevió a interceder a favor del psiquiatra, a través de escritos que reproducían textos que Chirinos había redactado sobre sí mismo. El criminólogo alegaba la superioridad intelectual del psiquiatra, así como su reconocida cultura y trayectoria académica.

Gómez Grillo ahora camina con dificultad. Su espalda, muy encorvada, lo obliga a esforzarse para mirar a los demás a los ojos. Su voz apenas llega a ser un susurro. Es el único en quien confía Chirinos. Y a él se debe el viraje de estrategia en la defensa, al cambiar el equipo inicial de abogados y expertos por personajes del derecho que tuvieran ascendencia en el Gobierno. Y si bien el intento con José Jesús Jiménez Loyo había fracasado, el segundo equipo parecía satisfacerlo. Gómez Grillo se había esforzado en elaborar algunas teorías que resultaron descabelladas, asunto que poco le importaba, con tal de procurar desmontar argumentos que esgrimía el Ministerio Público. Destacaba en su idea que la terapia electro convulsiva podía ocasionar sangrado menstrual profuso. Con eso intentaba adelantarse a la prueba de ADN que confirmaba que la sangre encontrada en el consultorio del psiquiatra era de Roxana Vargas. Esta hipótesis de Gómez Grillo fue descartada sólidamente por los expertos. La defensa la tuvo que desechar.

El segundo abogado del equipo era Jorge Paredes Hanny. De rostro aparentemente bonachón y de hablar poco, parecía haber sido designado por su prudencia, por su paciencia –con Chirinos hay que tener mucha– y por su experiencia penal.

El trío lo completó un rostro muy conocido para el Gobierno: Gilberto Landaeta, quien había sido fiscal del Ministerio Público en un momento en que un grupo de funcionarios de ese despacho adquirió gran protagonismo. El grupo, protegido por el Fiscal General de la República de ese entonces, Isaías Rodríguez, lucía intocable. Hasta que uno de ellos fue asesinado: el fiscal Danilo Anderson. Entonces a Landaeta y otros colegas les encargaron la tarea de resolver el crimen y encontrar culpables. El escándalo llegó a su clímax con decisiones de tinte político que llevaron a prisión a unos y al exilio a otros. Destacaron las acusaciones de autoría intelectual contra el banquero y empresario de medios Nelson Mezerhane y contra la periodista Patricia Poleo. El primero, en medio de una audiencia a la que se presentó voluntariamente, fue enviado a la cárcel, y Poleo logró salir del país. El tiempo demostró que hubo violaciones del proceso y manipulación de testigos y pruebas. Mezerhane tuvo que ser liberado. Sin embargo, la fórmula de casos archivados o procedimientos abiertos por ausencia de imputados, mantuvieron la espada de Damocles sobre quienes habían sido involucrados injustamente, con la intención de persecución y amedrentamiento.

Gilberto Landaeta vivió ese rato de gloria, pero después un oscuro incidente en el que se vio involucrado en el estado Vargas, costa cercana a Caracas, lo obligó a salir del Ministerio Público. Se dedicó entonces a ser defensor penal de conocidos del oficialismo. Y mal no le había ido. Muchos entendieron la estrategia de Chirinos al designarlo defensor. Landaeta se desenvuelve con naturalidad en pasillos de tribunales, aunque a algún personal administrativo no le simpatiza. Alto, moreno, calvo y cuarentón, carga su voz con desfachatez. De no muy buenos modales, gusta de interrumpir o dar la espalda a quien rinde un testimonio que le molesta. También se lo llegó a hacer a la autoridad, es decir, a la juez.

Landaeta es quien, bajo los hechos, dirige la defensa de Edmundo Chirinos. En esta primera audiencia reiteró su argumento, en el que consideró las pruebas como no concluyentes, y por supuesto, reiteró la inocencia del imputado. Luego, formalizó una petición a todas luces arriesgada: el acusado quería iniciar la ronda de testimonios. Todos —hasta la defensa— sabían que Chirinos podía caer en contradicciones, e incluso, perder el control. Pero el psiquiatra había insistido en que su narración abriera el juicio.

El comisario Orlando Arias había seguido la investigación del homicidio como un sabueso. Además de lograr acceder a información privilegiada del expediente, gracias a un amigo profesor, se había colado en el entorno de Chirinos, hasta el punto de llegar a conversar con él, en privado, en la tranquilidad de su apartamento. El psiquiatra, a pesar de ser desconfiado, subestimó la experiencia del policía, acostumbrado a efectuar con éxito los más difíciles interrogatorios, fueran culpables o inocentes. Para Chirinos, se trataba de inofensivas charlas, centradas en su fama, sus conocimientos y su encanto.

Para el comisario, esas reuniones tenían otro sentido. En su mente policial, tenía armado el expediente, la correlación de los hechos, los personajes principales y secundarios, los vacíos, las evidencias, y al acusado.

Conversó con Chirinos, pero en realidad, con sutileza, lo interrogó; lo hizo tan bien, que el sospechoso no lo notó. Frente a él, Orlando Arias se mostró con sapiencia, pero prudente. El psiquiatra, de manera desordenada, hizo énfasis en lo absurdo que frente al mundo resultaba la idea de que él hubiese podido establecer una relación sentimental y sexual con Roxana. Como es su costumbre, refirió sus éxitos con las mujeres y su placer en la buena vida. Insistió en su inocencia.

El policía lo dejaba hablar. Sonreía con honestidad ante divertidas anécdotas y gustaba de preguntarle sobre hechos que alimentaban su ego. Así transcurrieron tres horas de un primer encuentro, que cerró en plática de amigos y que estuvo acompañado de whisky y música grata.

Algo más de una semana después, Orlando Arias volvió al *penthouse* de Sebucán. Esta vez, lo abordó con el caso. Aquello fue un mar de contradicciones. El comisario no le preguntó por Roxana Vargas, sino por las actividades que Chirinos cumplió el 12 de julio de 2008, día del crimen.

El psiquiatra contó, sin dudar, detalles sobre el evento social al que asistió en el Country Club, junto a compañeros de su promoción. Hasta ese aspecto, estuvo bien. Luego, al referirse a las llamadas realizadas y las recibidas, a su actividad en el consultorio, la hora en que entró y salió de él, el lugar adonde se dirigió, la ruta que cumplió para ir, el nombre de la urbanización en la que se detuvo en una estación de servicio, por qué lo hizo, si colocó gasolina o no, el encuentro fortuito que lo desviaría de su cita inicial, el regreso a su casa, la llamada telefónica con la madre de la víctima y las posteriores de sus amigos, se enredó. Saltaron sus mentiras.

Orlando Arias sabía que la defensa hacía grandes esfuerzos porque Chirinos lograra con coherencia y naturalidad contar sin titubeos los hechos del 12 de julio. Un guión que tenía hechos inobjetablemente ciertos y otros falsos que procuraban minimizar las evidencias.

Pero Chirinos es difícil de orientar para esos fines. Gusta de sazonar su historia a su placer. Con otro problema: ahora su memoria presenta serias lagunas.

Orlando Arias se despidió con la certeza de que Chirinos disfrutaba sus encuentros.

Por alguna razón desconocida, el comisario llegó tenso al *penthouse* de Sebucán. El policía trataba de determinar varios hechos: por qué el psiquiatra había citado a Roxana, un sábado en su consultorio, luego de verificar que estuviese completamente solo, sin siquiera el conserje; y por qué había sangre de Roxana allí; cómo había salido Roxana, en qué medio de transporte, cuando en otras ocasiones incluso él mismo la había llevado o le había facilitado un taxi. Sin darle chance a pensar, preguntó: «¿A qué hora saliste, Edmundo? ¿Hacia dónde ibas? ¿Qué ruta seguiste? ¿En qué estación de servicio te detienes? ¿Por qué? ¿Colocaste gasolina? ¿Qué hora era? ¿A qué lugar fuiste después? ¿Cuánto tiempo estuviste allí?»

Las respuestas fueron un verdadero desastre. Chirinos se refería igual a las ocho de la noche que las diez como su hora de salida del consultorio, tiempo fundamental para reconstruir el homicidio, y por ende, elaborar su coartada. Confundía la calle Los Manolos con la estación Santa Fe. Repetía que se había perdido, pero no sabía indicar el lugar de su destino inicial.

El comisario se marchó cansado.

Orlando Arias necesitaba escudriñar sobre el testimonio de Chirinos respecto a lo sucedido en su clínica, esa noche. Tenía que ser cuidadoso y no estaba seguro de plantear el tema ese día. Pero el psiquiatra se lo facilitó. A rajatabla, le consultó su opinión respecto a si se vería mal que ordenara cambiar las alfombras de su consultorio (como en efecto, lo hizo semanas después). Luego le preguntó por cuánto tiempo los rastros de sangre pueden ser detectados sobre diferentes objetos. También comentó sobre el descubrimiento de que algunas frutas, como el mango y la lechosa, pueden confundir el trabajo del luminol.

Al policía le pareció el momento oportuno para hablar de la víctima. Después, en privado, tuvo que confesar que lo pasmó la frialdad del psiquiatra. Chirinos manifestó su desprecio por Roxana. Hablaba despectivamente sobre su físico. Fue implacable sobre su diagnóstico: tenía problemas mentales. Y explicó que él quería supervisar el último tratamiento que le había realizado la semana anterior, en el cual le practicó una terapia electro convulsiva. Según él, la encontró muy bien, tanto, que logró insuflarle entusiasmo para que acudiera a consulta con una amiga nutricionista, para que la ayudara a bajar de peso. «Se despidió muy contenta, como a las nueve de la noche».

«Edmundo –insistió el policía–, eso significa que estuviste hora y media con la víctima». «No, fue poco rato, ella se fue como a las ocho».

El comisario Orlando Arias llegó a su casa y con la rutina de la soledad prendió automáticamente el televisor; llamó a Amalia Pagliaro, su amiga patólogo, con quien había compartido tantos detalles del caso. Le dijo, como único comentario: «Ese hombre no resiste ni el más simple interrogatorio».

El Palacio de Justicia queda en pleno centro de Caracas. Casi al lado de la sede del Poder Electoral y a una cuadra del Parlamento. Rodeado del caos citadino, su paisaje es de escombros. Las ruinas de una construcción que algún día fue un proyecto y que ha ido quedando sobre el escritorio del funcionario de turno –iba a ser sede de los tribunales civiles– sucumben ante basura y mendicidad. Donde iban a coexistir fuentes y espacios verdes, hay charcos malolientes y animales raquíticos. La caparazón de cemento es techo para desamparados y estacionamiento improvisado para vehículos.

El edificio de los penales, amplio y en su momento ambicioso, tiene seis pisos, en los que funcionan tribunales de diferentes instancias, que culminan con los de juicio, adonde van a parar quienes ya están formalmente procesados. Sus pasillos suelen ser escenario de tensión, angustia, tristeza, incertidumbre y, ocasionalmente, de felicidad. En ellos, es fácil diferenciar los rostros de abogados, o del personal técnico y administrativo, y los de familiares de procesados. Los jueces, en general, se encuentran en sus despachos, camino a los baños, o en ruta hacia las salas de audiencia, distribuidas en los tres pisos superiores, a los extremos del edificio. En las puntas también están los ascensores.

Durante los últimos años, las medidas de seguridad para ingresar al Palacio de Justicia se han ido extremando. Dos sensores de metales y el chequeo de bolsos y maletines hacen antesala a la identificación necesaria, en teoría, de todo aquel que ingresa. La revisión varía según el funcionario de turno, y en ocasiones puede ser bastante incómoda. Por ejemplo, un día en que es trasladado algún personaje polémico, acceder puede ser muy difícil.

Los procesados son ingresados por el sótano del edificio, área bajo custodia de la fuerza militar. Allí, en los calabozos, seguramente vivirán una incómoda espera, mientras el tribunal emite la orden de subirlos al alguacilazgo, un salón con sillas –algunas rotas, pegadas a una larga pared– en la que comparten, por el rato que la suerte diga, vigilantes y detenidos. Los procesados han de aguardar el momento en que la autoridad permita su traslado a la sala de audiencias. En ocasiones, la espera puede ser muy larga, y en otras tantas, inútil. Es posible que alguna de las partes falle y no asista; que un procedimiento estratégico se suspenda; que las pruebas o testigos previstos para ese día se caigan; e incluso, que no aparezca la llave de una de las salas, donde se tenía previsto realizar la audiencia ese día.

Durante buena parte del juicio de Chirinos la situación se complicó, porque una emergencia eléctrica en Venezuela, decretada por el Poder Ejecutivo, obligó a la reducción de la jornada de justicia, desde las ocho de la mañana hasta la una de la tarde. Los ascensores fueron apagados y las escaleras que comunican un piso con otro disminuyeron su tiempo de funcionamiento, por lo que era frecuente ver los rostros sudorosos de abogados que llegaban agotados, después de la trayectoria de cinco pisos. En el quinto nivel está el despacho de la juez Fabiola Gerdel, hacia el ala oeste.

En el Palacio de Justicia también están los periodistas que cubren la fuente de tribunales. El Gobierno les ha puesto difícil hacer su trabajo: prohibió el acceso de las cámaras de televisión y de fotografía. A los reporteros sólo se les permite acceder hasta la mezzanina, y no siempre. El día que Edmundo Chirinos fue sentenciado, se estableció un riguroso control que llevó a los profesionales de la comunicación a sufrir la larga espera para cubrir la información en la puerta del edificio, salpicados por una fortísima lluvia.

Cuando se inició el juicio del psiquiatra, en marzo de 2010, la noticia había decaído, bajo el tiempo implacable. Alguna que otra noticia eventual registraba las postergaciones del inicio del proceso. La curiosidad y el interés habían mermado, y la gran denunciante, Ana Teresa Quintero de Vargas, madre de Roxana, se había refugiado en su pueblo, Valle de la Pascua, plena de fe, entregada más que nunca a rezarle a Dios para que hiciera justicia. Trasladarse a Caracas le representaba el sacrificio de dejar de vender tortas y tizana, de lo cual vivía. Pero más importante: le dolía mucho revivir el crimen de su hija. Así que de alguna manera Ana Teresa había desaparecido, cuestión que celebraba la defensa, que tenía como parte de su estrategia mantener el caso en el más bajo perfil posible. Para eso, habían comprometido al psiquiatra en que no diera más nunca una declaración a la prensa.

Los abogados de Chirinos conocían de su cliente, el placer que le daba hablar, en especial si era frente a cámaras de televisión. Les preocupaba que el juicio de la comunidad contra el psiquiatra era muy severo. Para la mayoría en el país, Chirinos no sólo había asesinado a Roxana; también había abusado sexualmente de centenares de pacientes.

La intervención de Chirinos, en la primera audiencia, fue infeliz. Calmado, se regodeó en expresarse, despectivamente, de Roxana. Para el acusado, la víctima estaba descalificada de la normalidad. Destacó la insistencia de ella en querer verlo, asunto que el seguimiento de llamadas telefónicas revirtió, porque era él quien la llamaba a ella. Chirinos hizo esfuerzos por hacer creer que la relación con Roxana siempre fue de psiquiatra-paciente. En audiencias posteriores, varios testimonios, hasta de colegas, lo desmintieron: la víctima no se trataba más con él; había acudido a otros profesionales. Probar que Roxana seguía siendo paciente de Chirinos hasta el momento de ser asesinada era clave para la defensa. Tenía una razón jurídica: trataba de evadir que sobre Chirinos cayera el agravante de la Ley del Derecho de las Mujeres a una Vida Libre de Violencia, que le incrementaría la pena más allá de la establecida para el homicidio intencional. Es decir, evitaban que se probara el vínculo afectivo entre el acusado y la víctima.

Por esa razón, Chirinos aseguró que él había realizado a la víctima una terapia electro convulsiva una semana antes de su muerte; y dijo que después, el día sábado, la había citado porque ella le había planteado una emergencia como paciente. Al referirse a la TEC, la defensa también trataba de justificar el hallazgo de sangre de Roxana en el consultorio.

Chirinos, al insistir en la inestabilidad mental de Roxana, afirmó que ella lo acosaba y perseguía. Con ese argumento, el psiquiatra corría el riesgo de revelar el eventual móvil del crimen: sentirse amenazado. Sin embargo, reiteró que ella se había enamorado de él, que estaba deprimida —en parte por su sobrepeso—, y que él había optado por asistirla, incluso gratis.

Chirinos trató de desviar la atención hacia Mariano, el amigo de Roxana. Lo sugería como sospechoso, pero en el estrado lo llamó de tres maneras distintas: Esteban, Mauricio y fulano. Se burló de los testimonios de sus amigos, y atacó a Ana Teresa, haciendo ver que también tenía problemas mentales. El testimonio de Chirinos trató de descalificar, no sólo a quienes rendirían testimonio en el juicio; igual desacreditó a los organismos de seguridad y a la fiscalía. Tal hecho llevó a un momento de tensión, cuando era interrogado por Zair Mundaray. El fiscal había logrado acorralar al psiquiatra a través de sus preguntas, hasta el punto de hacerlo perder la paciencia. Chirinos, que rato antes se había presentado como un hombre ecuánime, calmado, tolerante y sin arranques de ira, cometió un terrible error. Fue cuando el psiquiatra, insistía en la incapacidad de Roxana, mientras el representante del Ministerio Público le argumentaba que la joven llevaba una vida normal, estudiaba, trabajaba y socializaba. «¿Qué es un enfermo mental?», lo increpó Mundaray. «Un ejemplo de enfermo mental, es usted», respondió Chirinos, cargado de furia, mientras señalaba con el dedo, al fiscal.

La protesta no se hizo esperar y Chirinos fue amonestado por el tribunal. No sería ésa la única oportunidad en que la fiscalía y la propia juez se verían obligados a tomar acciones ante comentarios groseros y actitudes irrespetuosas que Chirinos asumía desde su sitio de acusado. Eso no era bueno para él, pues desmontaba la teoría de venderse como un hombre equilibrado, incapaz de hacerle daño a alguien.

El resto del testimonio de Chirinos versó sobre hablar de sí mismo y referir su relación con respetables hombres del país: de la academia, de la política y de la psiquiatría. A ninguno de esos personajes se les vio por el tribunal, ni como testigos —aun cuando los había anunciado— ni como amigos.

A pesar de sus esfuerzos, Chirinos jamás consiguió una respuesta lógica para explicar la existencia de 1.200 fotos en sus archivos, en su mayoría de pacientes, muchas de ellas bajo sedación, con su ropa interior removida. «Eso forma parte de mi vida privada», respondió.

Ante eso, la defensa sólo argumentaba que contra Chirinos se estaba realizando un juicio moral y no un juicio por homicidio, tratando de sembrar la duda sobre el profesionalismo de los organismos de seguridad, el Ministerio Público e incluso la juez.

Orlando Arias llevó una docena de calas blancas como presente a su amiga Amalia Pagliaro. La patólogo le había anunciado que lo recibiría con un buen vino y una exquisita pasta. El evento lo requería. Ambos estaban de acuerdo en que tenían elementos para responsabilizar a Edmundo Chirinos del crimen de Roxana Vargas. Otro caso resuelto, como parte del ejercicio de inteligencia, de un par de amigos. Otro motivo de celebración.

Ya por el postre, y muy satisfecho, el comisario comenzó a disertar:

—Dos elementos son fundamentales para determinar el móvil del crimen: el primero, la carta de Chirinos a la mamá de Roxana, en la que admite sentir en peligro su reputación ante las amenazas de la joven de denunciarlo, por abuso sexual con sus pacientes, utilizando la sedación, y llegando a pagarles, como una manera de prostituirlas; el segundo, el proyecto de video que habían planificado realizar Roxana y sus compañeros de estudio de la universidad, en donde el protagonista sería el psiquiatra, mostrándolo como un violador de la ética médica. Y que incluiría el propio testimonio de Roxana.

—Está el antecedente –agregó Amalia– de la página que hizo rodar por Internet, y cuyo contenido en papel, la víctima y una amiga introdujeron bajo el consultorio de la puerta de Chirinos.

—Más los comentarios en su blog –completó Orlando.

—Y Roxana había comenzado a trabajar una semana antes en Radio Caracas Televisión, cuyo presidente, Marcel Granier, estimula la paranoia del psiquiatra, por el antecedente del choque entre ellos cuando «la masacre de Tazón» –precisó la patólogo.

—Tenemos entonces, a un hombre que se siente acechado. Acostumbrado a amenazar a otras pacientes, les dice que él es un personaje poderoso, influyente, psiquiatra del Presidente de la República, y con eso siempre ha logrado la sumisión y el silencio. Pero con Roxana no le resultó. Tal vez, en ese encuentro del 4 de julio, le vino la primera idea de matarla. Y debe haber pensado que asesinarla sería fácil, que no traería mayores consecuencias. Quizás evaluó su entorno: su madre, a quien él mismo califica como una pobre mujer, enferma, que vive en la provincia con muy pocos recursos económicos; su hermana y sus amigos, unos muchachos, ¿quién les iba a creer algo? Roxana no tenía a más nadie. Eso lo sabía, porque ella, como paciente y amante, se lo había contado. Chirinos apostó a que la desaparición de la joven sería olvidada en el tiempo –un cómplice, lanzaría el cadáver muy lejos–, e incluso evaluó el problema de la inseguridad en Venezuela. ¿Quién iba a ocuparse de buscar, investigar, la desaparición de una joven con problemas mentales? ¡Si para corroborar la inestabilidad de la criatura estaba la eminencia en la materia, Edmundo Chirinos!

—Fíjate –recordó Amalia– que él llegó a preguntar en televisión por qué este caso generaba tanta atención y espacio, frente a la cantidad de muertos los fines de semana.

—¿Cómo la mató? –se preguntó el comisario– Antes, él garantiza que ella lo vaya a ver. La llama con insistencia, desde la madrugada del 12 de julio. Se asegura que el consultorio esté sólo; para ello, se comunica con el conserje Giovanny, al mediodía. Se hace ver antes de ir a la cita con Roxana, en un evento con un respetable grupo, constituido por compañeros de su promoción. Y en la clínica, la espera. Discuten por la inminente realización del video. Ella llora, así lo perciben su mamá y su amiga, que logran que les atienda el teléfono, en esa última llamada. La debe haber sentado o acostado en el diván para tranquilizarla, y en un descuido de ella, él la toma por los pelos y golpea su cabeza, con mucha fuerza, contra la pared. Roxana queda aturdida. Le estrella nuevamente la cabeza contra el diván. Dos áreas, en las que se encontró sangre de Roxana.

—Fuerza no le falta a Chirinos —acotó Amalia— Debes recordar cómo lo describió la víctima alemana, que es alta y deportista, al acusarlo en el CICPC: «Me tumbó para violarme, parecía un monstruo, una bestia con mucha fuerza».

—Roxana se debilita —continúa Orlando— pero está viva. Los expertos describen esa muerte como lenta y dolorosa. Ella se va apagando, mientras sus órganos colapsan. Cae al piso. Allí, él la sigue golpeando, una y otra vez, salvajemente, por varias partes de su cabeza. El lado derecho, incluido el maxilar inferior, se ve más afectado. En la violencia, le quita el zarcillo, sin darse cuenta. Y sobre la alfombra, muere. Quién sabe si aún después de fallecer él la siguió golpeando. Debe haber sido alrededor de las ocho de la noche. Es la hora que a Chirinos se le ha salido como el momento en que ella se fue. Lo traiciona el subconsciente.

—Con el golpe —precisa Amalia— hay fractura del hueso occipital derecho. Se parte en forma de «Y» invertida, de manera lineal. De inmediato, se produce la hemorragia subdural. Con la violencia, su cerebro se había estrellado contra los huesos.

—Es cuando Chirinos llama al cómplice. Alguien que tal vez fue su paciente y vive en Guarenas, cerca de Parque Caiza, o conoce a gente de la zona. Así lo registra su teléfono. El psiquiatra va arrastrando el cuerpo de Roxana para dejarlo muy cerca de la puerta. Por eso la huella de sangre tiene arrastre y dos puntos que parecen un pozo, llamados de contacto. Allí debe haberse detenido a tomar aliento. En la espera, Chirinos sale varias veces a la calle, por la puerta privada de su consultorio. Tres testigos lo observan, desde dos ángulos. El primero detecta el nerviosismo del psiquiatra, quien se asoma y mira a los lados. Los otros dos son una pareja, que dentro de su vehículo estacionado muy cerca, compartían románticamente. Ella ingresaba a su guardia en El Cedral, que comenzaba a las 9 de la noche. Luego de despedirse, al novio le generó curiosidad Chirinos. Le llamó la atención que junto a otro hombre, con dificultad y urgencia, metían algo dentro de la maleta de un vehículo, sedán oscuro. Es posible que no hayan logrado cerrarla, lo que los obligó a cambiar de carro. Puede ser la razón de que las maletas de los dos vehículos de Chirinos, estuvieran sucias.

—Y que en ellas se hiciera el esfuerzo de interferir el trabajo del luminol, untándolas profusamente de mango –completó Amalia.

—El cómplice debe haber botado los zapatos, la cartera y el celular de Roxana, en un lugar distinto a Parque Caiza, donde lanzó el cuerpo, que trató de ocultar torpemente con unos palos y lozas. Por su comportamiento, no tiene que ser necesariamente un asesino, pero puede ser un desequilibrado, o drogadicto, paciente de Chirinos. El psiquiatra lo vuelve a llamar en la madrugada, ya desde su *penthouse*, para chequear cómo salió todo.

—No descarto –dijo, con agudeza femenina, Amalia– si son ciertas las sospechas sobre Chirinos, en relación a otras eventuales víctimas, que este cómplice haya tenido, en distintas oportunidades, la función de transportarlas y desaparecerlas.

—Chirinos –continuó la narración el comisario– antes de regresar a su apartamento, debe haber dado algunas vueltas. Tal vez sea cierto ese cuento de la bomba de gasolina en Santa Fe y que de allí llamó a una amiga, con quien se tomó unos tragos, cerca de las 11 de la noche. Da igual si es verdad o mentira. Lo importante es que no tiene coartada para la hora del crimen. Chirinos estaba solo con Roxana cuando ella murió asesinada. Él la mató.

—¡Y pensar que el lunes, volvió a su consultorio, como si nada! Había llamado a su fiel conserje Giovanny, para que limpiara con fruición. Debía lavar 3,20 metros de sangre. Debe haberle dado tanto trabajo limpiar, que no vio al esquivo zarcillo. Quedaba allí, para que lo detectara el CICPC –continuó Amalia.

—Chirinos se confió en que el cuerpo no aparecería. Estoy seguro. Tampoco contaba con la tenacidad de Ana Teresa. Ni con las señales que dejó Roxana: su diario, por ejemplo.

—Sí, esa niña lo dejó escrito todo. Por eso me conmueve su madre, cuando dice que es un ángel, que vino a este mundo a hacer justicia, a desenmascarar a ese psicópata, que tenía tanto tiempo abusando, haciendo lo que le daba la gana. Se sentía intocable –aseveró indignada Amalia.

—Se encontraron 1.200 fotos, aunque no todas fueron hechas en su consultorio. A medida que los policías hurgaban, encontraban más y más. Al extremo de la vergüenza. Gráficas tomadas incluso desde hace 40 años. Mujeres sedadas. Chirinos usaba la psiquiatría como excusa para abusar sexualmente de sus pacientes y cometer actos perversos, indignos. Fíjate la cantidad de denuncias de niñas con problemas, solas, de pocos recursos. ¿Qué habrá sido de ellas? ¿Se curaron, se suicidaron, pararon en locas? ¿O habrán desaparecido?

—La primera vez que miré las fotos, pensé que estaban muertas –confesó Amalia–. Mujeres deshonradas, abusadas, indefensas, desnudas o con su ropa interior removida. Pacientes frágiles, que acudieron a su consultorio con un problema, desesperadas por sentirse bien, por mitigar su angustia. Casi todas probablemente fueron violadas. Y lo más siniestro: esa clínica era un centro macabro de delitos. Chirinos había habilitado un sótano, con varios cubículos, para dormir a sus pacientes. Lo llamaba el laboratorio del sueño. Llegó a sedar a seis víctimas, simultáneamente. Con circuito cerrado de televisión. Dime tú si no le cuadra que lo comparen con Hannibal Lecter.

—Yo estoy convencido –afirmó con seguridad el comisario– que lo de aplicar la terapia electro convulsiva es un invento de Chirinos. Ni siquiera se encontró el aparato con el que supuestamente las realizaba. A él lo que le daba placer era sedar a las pacientes y violarlas. Sin aplicarles ninguna terapia. Si veía un caso algo complicado, les mandaba un tratamiento farmacológico, para disimular.

—¿Cómo ese hombre llegó tan lejos? –reflexionó Amalia– Rector de la Universidad Central de Venezuela, candidato a la presidencia, psiquiatra del Presidente Chávez y su ex esposa, respetado hombre de la intelectualidad. ¡Dios! Un personaje tan encumbrado en este país, que actuaba con total impunidad.

—Tan seguro se ha sentido, que aún sufriendo casa por cárcel siguió atendiendo a pacientes.

—¿Y las fiestas? El tribunal recibió en una oportunidad, una protesta de la policía del municipio Sucre, por las constantes celebraciones «poco decorosas» en su apartamento, que obligaban a los funcionarios a reforzar su vigilancia. ¿Y la mujer de esa misma policía, que elevó su queja, por los permanentes intentos de abuso por parte del psiquiatra? Nadie alzó su voz, o hizo públicas sospechas –porque rumores, corrían con insistencia– para al menos objetar su ética médica. De alguna manera, eso es complicidad. ¿Tan enferma está nuestra sociedad? –preguntó con rabia Amalia.

—Parece que sí –dijo con un suspiro el comisario.

—¿Tú crees que los fiscales lograrán la sentencia condenatoria?

—Tienen que lograrlo. La evidencia es sólida, y la defensa no tiene nada. Ahora, vamos a terminar de tomarnos este vino, mujer, a ver si apartamos de nuestras cabezas a ese psicópata, que deja en vergüenza a este país –propuso brindando el comisario.

La juez Fabiola Gerdel comenzó la lectura de la sentencia. Se percibía un leve temblor en su voz. En los tribunales de Venezuela, ninguna autoridad está exenta de presiones. Su comportamiento durante el proceso ha sido considerado por los expertos como equilibrado y profesional. La semana anterior había sorprendido, cuando luego de una jornada de más de siete horas en la que escuchó conclusiones de las partes y a las partes, es decir a Edmundo Chirinos y a Ana Teresa, decidió suspender la audiencia antes de sentenciar. Fue pospuesta para una semana después. La suspicacia natural concluyó en que se postergaba ante la inminencia de las elecciones parlamentarias, que se cumplirían el 26 de septiembre. «Es muy feo que a cuatro días de ese proceso electoral, quien fuera psiquiatra del Presidente, sea condenado por asesinar a una joven de 19 años después de abusar sexualmente de ella», especuló un juez perspicaz que iba de paso.

Para sentenciar, la juez debía haber considerado decenas de testimonios y unas 80 pruebas, que durante más de seis meses habían sido expuestas en su tribunal. Las conclusiones de la semana anterior, desarrolladas por el fiscal 50 con competencia nacional, Zair Mundaray, resultaron para los presentes sólidas e inexpugnables.

El fiscal Mundaray expresa con orgullo cuánto ama su oficio. Ha trabajado en equipo con su colega Pedro Montes. Chirinos llegó a quejarse del rigor científico en el manejo de las pruebas que había desplegado el Ministerio Público en este proceso. Sin duda, los fiscales hicieron su trabajo.

Y es el fiscal Zair Mundaray quien comparte una síntesis de las conclusiones, que en nombre del Ministerio Público, él presentó en el juicio:

—Las pruebas hay que verlas en contexto. La sentencia debe estar estructurada, de modo que cada prueba sea comparada con otras, y que todas te lleven a una conclusión. Sea de culpabilidad o de inocencia. ¿Qué es lo que teníamos aquí? Un cúmulo inmenso de pruebas científicas. Ninguna por sí sola era capaz de un juicio de reproche; pero era como armar un rompecabezas. Un juicio de reproche es cuando se puede atribuir una conducta tipificada como delito. Después de construidas todas las pruebas, el juez debe hacer una evaluación en su justa medida.

»Yo siento que lo importante de este caso es haber logrado una gran cantidad de pruebas, algunas poco ortodoxas, como el ADN, que en Venezuela, dados los costos y algunas circunstancias, no se trabaja tanto; ahora se hará más. Pero en su momento, trabajamos con la Universidad del Zulia, que tiene los mejores laboratorios en esa área. De hecho, el valor adicional de ese laboratorio es que está sometido a unos estándares internacionales, de los países hispanoparlantes y los que hablan portugués, con unos procesos comunes que garantizan que sus resultados puedan ser analizados en cualquiera de ellos.

»Lo importante aquí fue, primero, la detección de sangre. En el consultorio la obtuvimos con una prueba de orientación y una de certeza. La prueba de orientación es el luminol, que te proporciona elementos, detecta hierro de determinada manera, que te hacen presumir que puede ser sangre. Luego vienen las pruebas de certeza, que se realizan a través de otros reactivos. Después de eso, ya estás hablando de sangre. La sangre tiene dos elementos: los identificativos y los reconstructivos. ¿Por qué reconstructivos? Porque de acuerdo a como se halle la sangre en el lugar te dice qué puede haber ocurrido. No es lo mismo una sangre con caída libre que una por escurrimiento, o una por contacto. Es decir, hay diversas morfologías. ¿Qué teníamos entonces en el consultorio, que la quimioluminiscencia dio positivo? Teníamos sangre, teníamos la prueba de orientación, luego la de certeza, y teníamos la morfología. Lo relevante de la morfología, es que por ella determinamos el contacto en la pared y en el borde del diván. Físicamente, con la juez, fuimos al consultorio. El lugar por donde emanó la sangre de Roxana, por la herida o por el orificio donde salió, tuvo contacto directo con esos objetos: la pared y el diván. Además del piso. Encontramos igualmente contactos distintos: por ejemplo, el limpiamiento. Ocurre cuando alguien está emanando sangre, y se toca, o toca a otro. También en el consultorio se encontró de ese tipo. No sabemos si fue ella, o el agresor que la tocó.

»Había que determinar entonces con qué tuvo contacto el cuerpo de Roxana. Obviamente, con la pared y el diván, y con el piso, a mi modo de ver, cuando ya estaba agonizante. Porque el patólogo dijo algo muy importante: con ese tipo de lesión, la persona no muere de inmediato y es una agonía dolorosa y desesperante. Porque tienes roto un hueso de la cabeza, una fractura importante, en forma de «Y» invertida, en el occipital derecho. Eso no causa una muerte inmediata. Ella fue sintiendo el sangrado, que algunas funciones fisiológicas se iban debilitando, que colapsaban algunos órganos; todo ese proceso lo debe haber sentido Roxana.

»¿Qué nos dijo la sangre de manera reconstructiva, sobre todo la de contacto con la alfombra? Ninguna de esa sangre estaba visible, había sido limpiada. A primera vista, no era posible detectarla. Para eso se utilizó el luminol. Colectamos los trozos de las alfombras que resultaron positivos. Como había 3 metros 20, en sumatoria del recorrido de la sangre, para determinar que es la misma fuente, lo que se denomina fuente común, es decir la misma sangre, tienes que hacer una prueba de ADN. Se hizo incluso una prueba adicional, que no se hace en casi ningún lugar del mundo, que fue una prueba genética de paternidad y maternidad, para tenerla como control. Teníamos entonces doble control: ésa, con los perfiles de los padres –el papá estaba vivo para ese momento–, y el cuerpo de Roxana. Recuerda que de un cuerpo putrefacto no es posible sacar sangre, pero se tenían unos segmentos musculares de la mano, porque a ella le habían amputado ambas manos para el reconocimiento. Para la prueba de ADN se toma tejido de una parte que es muy densa, desde el punto de vista muscular, bajo el pulgar. Los expertos hicieron un corte circular allí, y de ese corte se analizó el ADN.

»Todas esas pruebas se sometieron a comparación. Primero el perfil solo, luego el de los padres, luego el perfil de ella, y luego la comparación de todo lo demás que se tenía. Todas dieron positivas. Y con estándares de certeza, casi al infinito. De hecho, yo le pregunté a la experta sobre alguna posibilidad de error, y me dijo que la única era que Roxana tuviese una hermana gemela univitelina, que sería una carga genética idéntica. En eso, lo único que las diferenciaría, desde el punto de vista criminalístico, sería el rastro dactilar. Sabíamos que Roxana no tenía una hermana gemela.

»¿Qué le ocurre a la defensa? Tenía que justificar la sangre, porque era una verdad ineludible. ¿Qué inventaron? Una supuesta terapia electro convulsiva. Durante la investigación, en el allanamiento del consultorio, e incluso en el allanamiento de la casa, nosotros no conseguimos la historia médica de Roxana. Había sido sustraída. Y es una historia bien particular, porque tiene anotaciones, hasta después de la muerte de ella. El acusado, con sus propios apuntes, refiere: «Hoy me enteré de la muerte de esta paciente». O sea, no tiene ningún rigor científico; pasa a ser como una especie de anotaciones sueltas, que él fue agregando entre espacio y espacio, y en la parte donde hacía observaciones, como estaban llenas, sólo pudo colocar las iniciales TEC, de terapia electro convulsiva. Chirinos no sabía que nosotros podíamos procurar una data aproximada de la tinta. Con esa anotación, trataba de justificar que a Roxana le había hecho la TEC, cuando nosotros sabíamos que no. Porque cuando allanamos el consultorio, al acusado se le olvidó una lista donde estaban anotadas las pacientes que acudían por día. Allí identificaban a la paciente y se anotaba el tratamiento donde decían la sustancia que le habían colocado. Investigamos las sustancias y casi todas son anestésicas. Son para hacer a las pacientes dormir. Eran los registros de la fecha en que Roxana era paciente: octubre 2007.

»Después, ya Roxana no era paciente de Chirinos –lo cual tumba otro argumento de la defensa, él pretendió decir que la seguía atendiendo– y de hecho, al revisar las declaraciones de la secretaria y otros empleados, ninguno recordaba a Roxana en los encuentros recientes.

»Todo esto refuerza lo que ella decía en su diario. De lo que pudimos indagar, Roxana entraba por la puerta privada para que nadie la viera, porque no era paciente. Y cuando hacemos las inspecciones y los allanamientos, queda claro –también se lo hice ver a la juez, cuando en el juicio se discute la utilidad de las curas de sueño– que Chirinos lo que hacía era dormir a las pacientes, para que quedaran a su merced y él poder ejecutar sus tropelías y sus abusos. El error que comete es haberlo documentado a través de fotografías y videos, sobre todo las fijaciones fotográficas que él tenía ocultas en su casa y que jamás pensó que las íbamos a encontrar.

»Se consiguieron 1.200 fotos. Varias de ellas es probable que sean prostitutas, porque no todas fueron tomadas en su consultorio. Sería impropio decir que las 1.200 son de pacientes; pero hay una gran cantidad, donde evidentemente son pacientes, muchísimas sedadas. Es impresionante. Él documentaba eso. Alguna parafilia, alguna situación muy personal, y que luego no pudo negar. Fíjate que al final de su declaración decía que eso era su vida privada, como si no se tratara de un delito lo que estaba haciendo.

»Por lo tanto, correspondía demostrar que no había tal terapia electro convulsiva. Teníamos los familiares de pacientes, a cuyas hijas les había aplicado terapia de sueño, y él mismo se los decía; teníamos la historia, donde irregularmente, había agregado por escrito TEC; teníamos otro documento, el control de las pacientes; y además, teníamos otra particularidad, y es que el aparato de la TEC nunca apareció. Y lo más terrible: estaban todos esos cubículos en los que podía tener seis pacientes, de manera simultánea, dormidas. Nada sugería siquiera que había otro tipo de terapia distinta.

»Dentro de su consultorio había un cubículo donde ponía a dormir a las pacientes, pero había otros cubículos, fuera del consultorio: tres en un sótano y dos más en la planta baja. El lugar, Chirinos lo llamaba sala de terapia de sueño. Donde podía tener a su merced seis pacientes sedadas.

»Más allá del punto de vista delictual, el problema es ético, desde el punto de vista médico, o de praxis. Esas pacientes eran vigiladas, custodiadas, que incluso les tomaba la vía un personaje, un conserje. ¿Quién nos dice que ese Giovanny no pudo participar en abusos? Chirinos no dejaba que nadie las acompañara, para garantizar su impunidad.

»Entonces, ese conjunto de cosas, más lo que refería Roxana sobre la cura de sueño, desmentía que existiera la tal terapia electro convulsiva. Pero no sólo eso. Estuvieron de acuerdo los tres psiquiatras que fueron al juicio en que no podía haber un sangrado profuso con la TEC, sino unas gotas que serían producto de una mordedura. Nosotros analizamos eso desde el punto de vista médico legal, cuando se exhumó el cuerpo; y no había lesión en esa área de los tejidos blandos que quedaban, porque claro, estaba necrótico. El análisis indicó que no había ninguna lesión importante que causara un sangrado de esa magnitud. La patólogo aclaró algo: que en el área de los labios y la que rodea la boca no tenemos vasos, sino capilares, con estructuras muy pequeñas, que cuando se produce una lesión sangran muy poco y se cierra por los propios mecanismos fisiológicos.

»Además, la patólogo hizo una precisión, porque le pregunté, qué sugería un sangrado importante. Ella hablaba de la rotura de vasos, o en el caso de Roxana, pudo haber sido también un sangrado por orificios naturales. Esa sangre que estaba allí, producto de la fractura, buscó escaparse, de alguna forma, por otorragia y por sangrado de nariz. A mi modo de ver, ella debe haber sangrado por los oídos. De hecho, en un accidente de tránsito, cuando ven a alguien sangrando por un oído, lo primero que piensan es que hay fractura de cráneo. A mí me parecía muy posible eso.

»En el consultorio había otra cosa fundamental, que fueron los apéndices pilosos. Allí se hizo un barrido, con el que fueron colectados por sectores. Yo hice referencia que en la parte donde estaba el diván, además de la sangre, había una preponderancia inusual de apéndices pilosos de la región del pubis. En el área de tratamiento se consiguieron apéndices pilosos de Roxana, pero los de ella eran cefálicos. Es probable que en el ejercicio de la violencia se haya llevado un cabello. Pero, como había sido su paciente, digamos que había forma de justificar que estuvieran en ese lugar. Aunque es una evidencia de que estuvo allí. Y eso nos sirvió para desvirtuar que en el consultorio se había realizado una limpieza rigurosa —como la defensa pretendió hacer ver, para decir que el zarcillo no estaba donde se encontró—, porque eso estaba lleno de cabellos por todos lados. Quien limpió se concentró en la sangre, que era lo fuerte. Había 118 apéndices de un lado, y de otro, más de 80. Estamos hablando de más de 200 apéndices pilosos, de diferentes regiones. Quien lavó la sangre, ni aspiró los pelos, ni se percató del zarcillo. El mismo conserje Giovanny dijo: «Un zarcillo se le cae a cualquiera».

»Sobre los zarcillos: en el cuerpo que se levanta en Parque Caiza se detecta que Roxana era doble perforada en el lóbulo, y eso se determinó no sólo a la vista, sino que nosotros ordenamos una experticia, cuando se solicitó la comparación antropométrica, porque la defensa intentaba decir que ella tenía otros zarcillos puestos, y claro los de arriba los tenía, ambos, y de los de abajo le quedaba uno solo. Eso se colectó, y resultó importante que lo hicieran los funcionarios de homicidios. Porque esa prueba por sí sola parecería débil —verdad, un zarcillo se le cae a cualquiera—, pero en el momento de la exhumación nosotros colectamos la oreja derecha. ¿Y cuál fue la petición que le hicimos a la patólogo? Ella nos había explicado que haciendo unos cortes histológicos, que son los cortes de piel a lo ancho, y viéndolos al microscopio, era posible determinar si hubo una reacción vital, que sólo se produce entre personas vivas, pues. En los muertos, no se produce esa reacción. Ella concluyó que la oreja se encontraba esfaselada, es decir, a partir del hoyo originario donde estaba el zarcillo hacia abajo, estaba roto, se lo halaron con violencia. Recuerdo que en las conclusiones decía esfaselado y hemorrágico. Así que parte de la sangre que puede haber tenido contacto con el lado derecho puede provenir de la oreja, y claro, de la fractura de la cabeza, que entonces chocó con alguna fuerza, y quizás ella sangró por el oído. Se la hicieron chocar. Por eso, a mi modo de ver, él debe haberla tomado por los cabellos y estrellado la cabeza contra esa pared, eso explica el golpe del maxilar derecho, explica el esfaselado de la oreja, tal vez en el forcejeo, y explica la sangre. Es coherente. Es sostenible.

»Cuando se colecta el zarcillo, hacemos una comparación de caracteres, que es más que medir. Son las características del material, describir el color, todas las señales que puede tener un zarcillo. Y dieron coincidentes. Ellos trataron de decir que no tenía serial, ni modo de saber que era el mismo, pero ahí estaba la coincidencia.

»Debo decirte que al inicio de la investigación Chirinos no declaró, se mantuvo en silencio. Ese es su derecho; desde el punto de vista constitucional, él puede callar. Claro, la defensa, estratégicamente, quería saber qué teníamos, para luego tratar de armar el cuento. Teníamos algo indudable, que eran las comunicaciones telefónicas, y eso es un rastro. La telefonía es capaz de decir no sólo con quién hablas, sino dónde estas, cuál es tu ruta, inclusive hay expertos que pueden determinar a qué velocidad te desplazas. Pasa de una antena a otra: una te desatiende y enlazas con la siguiente. Ahí se determinó que efectivamente la ruta era la que ella le había dicho a su amiga —con quien había quedado en verse—, así como la ruta de Chirinos, desde el Country Club, hasta el consultorio. Hasta que coinciden ambos, y obvio, ya no hay comunicación entre ellos. Pero se ve que él la venía llamando. Entonces tenía la defensa que encontrar una justificación, de por qué ella estaba ahí. Crearon toda esa ficción de que la víctima se encontraba en una situación de emergencia, pero quien había estado con ella, Mariano, su amigo, contó que no había ninguna emergencia, que Roxana estaba tranquila, sin problema. Si era una emergencia, ¿por qué no es ella quien llama? Es él. Se demostró que ella no tenía saldo. Su mamá lo dijo desde el primer día de la declaración, porque Ana Teresa era quien le compraba la tarjeta, y le pasaba la identificación.

»Ya la tenemos ubicada en el lugar, tenemos un cuerpo, un zarcillo, signos de violencia, pero tenemos más. Roxana fue documentando su vida. Lo hizo utilizando medios electrónicos –su computadora la colectamos–, y el diario personal. Con la computadora, hicimos una experticia de vaciado. Estaban todos los documentos de Word, el Messenger. Fue muy útil, porque pudimos sacar las conversaciones, cuándo se veían, cómo se veían, dónde. Todo estaba en la memoria. Y nosotros logramos determinar que él la estaba utilizando sexualmente, la tenía a su merced, sin duda alguna. La llamaba y ella iba. La manipulaba. A pesar de que Roxana narra que algunas veces ella lo llamaba.

»Eso fue muy revelador. No sólo en cuanto a la relación que mantenían, sino a las motivaciones del hecho, porque dirás, mantenían conversaciones, pero, ¿por qué la mata? Se determinaron las motivaciones del hecho. Porque las comunicaciones dan cuenta de esa insistencia de ella en tratar de hacer público el abuso sexual. En una de las conversaciones más extensas que pudimos reproducir, ella le manda a la amiga el documento de Word, y le dice: «Lo voy a distribuir». Es el texto donde alerta a las personas para que no lleven a sus hijos donde Chirinos, porque abusaba sexualmente de las pacientes. Sabemos que por correo lo pasó. Y está también a quién lo transfiere. Lo escribió y lo hizo rodar a personas allegadas. Se trata de una estudiante de Comunicación Social, que tenía contactos que podían hacer de eso toda una noticia. Se iba acrecentando en Chirinos la preocupación. Y aumenta más cuando ella le dice que entra en Radio Caracas Televisión. ¡Es que Chirinos, hasta documenta el móvil! Fíjate que él hace un escrito, dirigido a la mamá de Roxana, que nunca negó que era de su autoría. Chirinos, en su primera declaración, dijo que era de él. El abogado trató de varias maneras que lo negara, pero no lo logró. ¿Cómo vas a negar la relación, si lo estás admitiendo en el escrito? Allí también él explicó la motivación del crimen.

»Conseguimos fotos de Roxana; en algunas estaba desnuda. Era necesario demostrar científicamente que era ella, y no otra persona. Le solicitamos a los familiares múltiples fotos, en varias posiciones. Hicimos un cotejo, una experticia de certeza, para ver si era ella o no. No sólo era Roxana, porque quedó perfectamente establecido, sino que el tribunal se trasladó para ver el área física, la locación, el lugar donde fueron tomadas las fotos. Y fue en el consultorio, no hay duda. Entonces, ¿cómo tú niegas ese vínculo? ¿Cómo niegas esa situación? Era innegable.

»Él tenía que tratar de negar el vínculo para evitar el agravante sobre lo que podía ser su condena de homicidio intencional. El vínculo afectivo entre ellos incrementaba su pena, considerablemente.

»Fuimos dando veracidad a lo que Roxana iba escribiendo. A pesar de que sabíamos que a ella la defensa iba a tratar de descalificarla. Para darle credibilidad a lo que contaba, y dar la evidencia de que era cierto, tenemos lo que escribió, lo que dijo a otras personas, a sus amigos, familiares; tenemos relación de llamadas, de contacto permanente por teléfono, que crean un vínculo innegable. Entonces había que establecer el estado psicológico previo. Solicitamos una autopsia psiquiátrica. Se han hecho muy pocas en este país, menos de diez casos. Esa es una prueba que desde el punto de vista científico es aceptada como de certeza. Fíjate que hubo coincidencia entre el médico que lo hizo, el doctor Osiel Jiménez, con los psiquiatras que la trataron en vida. Y lograron todos determinar que era un trastorno *borderline*. Las características de ese trastorno fueron muy debatidas durante el juicio. Yo traté de establecer siempre la diferencia entre la neurosis y la psicosis, y probar que Roxana no era una psicótica, que no alucinaba, ni tenía fijaciones, ni estaba loca. Ella tenía una neurosis, que le permitía vivir normalmente. Por eso también exhibí su rendimiento académico, referencias personales, porque sabíamos que venía el discurso de la descalificación a la víctima, para tratar de afirmar que ella lo había inventado todo, que era producto de su imaginación, creatividad e ilusiones. Por eso se hizo la autopsia psiquiátrica. Y se citaron a los médicos tratantes.

»También ocurrió algo muy importante. Fue ese primer abordaje de Chirinos sobre la víctima, que implicó el abuso sexual. Debíamos demostrarlo; que no se quedara sólo en lo anecdótico, en la referencia que contaban la madre y el padre. Ana Teresa la llevó a una ginecólogo –poco después del abuso– y a ella la citamos y la entrevistamos. El informe de la ginecólogo es absolutamente contundente y ella explica que en efecto las evidencias están allí, incluido el pequeño sangrado que Roxana tuvo, sin rotura completa del himen. Estaba la evidencia de que hubo ese acercamiento sexual, y que no estamos hablando de una persona con una psicosis que está imaginando cosas.

»La fiscalía lo que hizo fue hilvanar y darle fortaleza a todo lo que Roxana narraba.

»Eso fue determinante, porque a pesar de las intenciones de la defensa de desacreditar las pruebas y a sus funcionarios, es imposible que se haya construido, que se haya armado todo esto, a través de una conspiración. Imposible. Se trata de la vida de una persona. Esa es la razón de que en las conclusiones yo afirmara que la defensa pretendía decir que la vida de Roxana era mentira, que no existió. Cuando la verdad, ésa era su vida, y tuvo el valor de registrarla.

»Gran parte de la investigación estuvo dirigida a hacer vínculos, lo que le molestaba mucho a la defensa, que decía que el Ministerio Público estaba tratando de hacer una desvaloración ética, confundiendo la moral con derecho, etc. Pero no es así, porque la única forma de darle credibilidad a lo que ella decía, era indagando a través de otras fuentes de información. Tan es así, que nosotros presentamos en el juicio a otra señora, que llevó a su hija el mismo día que había ido Roxana, y le ocurrió el mismo sangrado. Ahora, ¿eso es certeza? No, pero es un indicio, y las pruebas induciarias, así lo ha establecido la Sala Constitucional, deben ser valoradas, siempre que todas lleguen a una misma conclusión. Estamos ante multiplicidad de indicios. Ya antes, otra paciente abusada, al conocer la muerte de Roxana, había acudido voluntariamente al CICPC a acusar de intento de violación a Chirinos.

»Todo ese cúmulo de elementos da cuenta de la relación. Por eso sostuvimos que fue un hecho de violencia contra la mujer, y por eso en la conclusión nos referimos a la legislación internacional y apelamos a toda la parte conceptual, para tratar de convencer de que se trata en efecto de un hecho de violencia de género.

»Chirinos era un hombre con fuerza física. De hecho, los videos de sexo explícito dan cuenta de eso. Tales videos nosotros no los ofertamos, por respeto a esas mujeres, porque cuando ese expediente sea público cualquiera las podría ver. Pero en esas filmaciones el psiquiatra muestra su capacidad física. Eran videos muy recientes, en los que estaba muy lejos de ser un viejito enclenque, como al final lo quisieron presentar los de la defensa.

»Es importante lo de los vehículos. Chirinos puede haber tenido o no ayuda para trasladar el cuerpo de la víctima, pero hay algo que dije en las conclusiones: el hecho se agota con la cesación de la vida. Que se quede el cuerpo o que lo trasladen es otro punto; primero, yo tengo que probar la muerte.

»Chirinos y sus asesores escondieron los vehículos durante mes y medio. Nosotros pensamos que iban a modificarlos, por lo que teníamos preparado llevar los carros a talleres, con peritos de la marca, para verificar si había habido alguna modificación. ¿Qué hicieron? Utilizaron esa película, que también reacciona frente al luminol, pero muy tenuemente, y se sabe que no es sangre. Es una interferencia. Porque solamente, cuando es persistente y bien luminoso, se trata de sangre. Fijaron, untaron con mango toda la maleta. Lo más torpe, es que también untaron la parte superior; porque en el lado inferior tú podrías justificar, pero, ¿cómo llega el mango arriba? Eso generó más sospechas. Luego, colectamos las alfombras e hicimos una experticia de laboratorio, con uno de los mejores expertos en esa área, que calificó como positivas todas las pruebas de orientación; pero no tenía suficiente material para la certeza. Por eso, él concluye en que había una probabilidad altísima de que allí haya habido sangre. Inventa Chirinos entonces el cuento del perro que se encontró y lo metió en la maleta del carro, y luego lo pasó a la otra. Fueron mecanismos de manipulación que utilizó la defensa.

»Tenemos un vehículo con posible sangre, tenemos la sangre de ella, la morfología de la sangre, las llamadas que muestran sin duda que la vio esa noche; y tenemos la sensación del contacto estando con él, por el análisis de telefonía, como en efecto se hizo, y por los testigos, que hasta que pierden la comunicación con ella todavía está la antena allí. Y después, por alguna razón, apagan el teléfono. Incluso en mi interrogatorio, a través de un testimonio, hubo manera de determinar que Chirinos tenía el teléfono de Roxana.

»Chirinos había negado a sus amigos y a su madre haber visto, desde hace meses, a Roxana. La defensa tuvo que inventar después la supuesta emergencia psiquiátrica. En este aspecto fue importante el testimonio de la psiquiatra Rauseo, quien había atendido a Roxana. Ella explicó que en esa patología en particular es muy importante ponerle coto a los deseos del paciente, y por eso no es el paciente quien establece las citas, o decide las emergencias. No es que te voy a ver cuando tú quieras. Evitar eso forma parte de la terapia.

»También desmintió a Chirinos cuando él habló del fenómeno de transferencia –lo hizo en la primera declaración–, y dijo que él había actuado correctamente al referir a Roxana a otro médico, porque ella se había enamorado de él. Chirinos dijo específicamente que la había referido a la doctora Rauseo y hasta agregó ese dato a la historia médica que modificó. Y eso era mentira. Resulta que a la doctora Rauseo –ella insistió en eso, en el juicio–, le llega Roxana a través de una colega, compañera de consultorio, a quien el doctor Pan-Dávila –el psiquiatra que había atendido a Roxana, en Valle de la Pascua, después de haber sido violada– se la había referido. El problema fue que su colega no medica, es psicoterapeuta, y como la referencia decía que venía medicada, esta compañera de consultorio se la pasa a ella, y le dice: «Como tú medicas, trátala tú».

»Con eso, destrozó una de las últimas esperanzas que tenía Chirinos durante el juicio, y que él había declarado en dos o tres oportunidades: «Yo hice lo correcto, Audrey Rauseo lo va a decir». Llegó al extremo de llamarla para presionar su testimonio. Pero ella, firme, dijo éticamente lo que correspondía.

»Rauseo confesó en el juicio que al principio pensó que la relación de Roxana con Chirinos podía ser una idea sobrevalorada, pero aseguró que con el tiempo no sólo la víctima, sino el propio Chirinos, la convencieron de que ciertamente entre ellos había una relación.

»Ella también aportó mucho, desde el punto de vista psiquiátrico, al informar que lo de Roxana era una neurosis, y que no se trataba de una persona con una realidad paralela.

»Ocurre algo muy importante, que recoge también las deficiencias de la investigación y sobre lo que siempre es bueno reflexionar. Una de las situaciones es que el cuerpo llega a la morgue de Bello Monte. Lo recibe el doctor Franklin Pérez, excelente patólogo. Era lunes, y un solo patólogo, fajado, quién sabe con cuántos muertos. La dinámica del trabajo, los cortes para abrir el cráneo, los hace el mozo de morgue, se supone que después que ya está descubierta la parte ósea y el patólogo lo ha visto. Por alguna razón, el corte de la sierra pasó sobre el trazo de la fractura; además, la parte trasera del cráneo no se terminó de abrir con la sierra, y optaron por hacer un hoyo y apalancar, y cuando apalancaron se rompió, y claro, esa fractura crea otro trazo. La defensa aprovechó este hecho para generar controversia. Los abogados de Chirinos tenían con ellos en ese momento a profesionales de primera línea, como mi profesora del CICPC, Antonieta De Dominicis, a quien le tengo un gran respeto. ¿Qué era importante determinar? Cuáles de las fracturas eran *pre mortem*, y cuáles *post mortem*. Eso se hizo con rigurosidad científica. Se seleccionó a un gran equipo de profesionales del estado Miranda y además a la doctora Sara Maissi, de estatura en su profesión; ella es la directora del Hospital Oncológico.

»¿Por qué era necesaria la exhumación? A la defensa le interesaba aclarar lo de la fractura y nuestros asesores nos habían advertido que la descripción de las lesiones, por parte de Franklin Pérez, no justificaba la evidencia que se tenía. El sangrado no se compadecía con el informe forense. «Esto está mal, aquí hay algo que falta», nos dijeron. Estábamos en buen tiempo, porque todavía había tejido blando por analizar, y se podía evaluar el tejido óseo.

»Los profesionales de la fiscalía, nada más al abrirlo, me dijeron, "mira, aquí está la fractura, aquí está la impregnación hemática, que significa que ocurrió mientras ella estaba viva". Me dieron la explicación *in situ*. Esto aclaraba que la fractura ocurrió antes de ella morir. Se había planteado la discusión, y los expertos me dijeron: "No te preocupes, vamos a hacer unos cortes del tejido óseo, a llevarnos unos pedacitos, no hay problema; también de tejido blando, por eso la oreja; una parte de la clavícula, que tenía una impregnación hemática, y otras más". Fueron como siete, ocho muestras. ¿Cuál era la metodología? Hacer los cortes, y en el caso de los huesos, descalcificarlos: es un tejido esponjoso y eso permite que abran más, para ver las cavidades.

»El cráneo está preservado todavía. Cuando todo esto termine, se va a hacer un acto para la inhumación, con el permiso del tribunal.

»Así que el antropólogo hizo una descripción de las lesiones, y determinó cuáles eran *pre mortem* y cuáles eran *post mortem*, pero desde el punto de vista macroscópico. Eso debía ser corroborado desde el ángulo microscópico. Se hicieron los cortes, que incluso están fijados fotográficamente, con tecnología de punta, y se vio en las cavidades la reacción vital. Fue una fractura lineal, grande, lo que explica que se mencionen siete partes con impregnaciones hemáticas.

»El experto consideró que por la lesión la cabeza debe haber sido golpeada contra una superficie plana y dura, que se compadece con la pared, pero también pudo haber sido contra el borde del diván, que tiene una parte relativamente plana, y allí también dio positivo el ADN. Es probable que le haya chocado la cabeza contra esas dos áreas.

»¿La exhumación qué trajo consigo? Teníamos certeza científica de que la evidencia biológica, el sangrado, iba de la mano de la lesión. Y ya no había forma de decir que ella no sangró, por cualquier vía. Incluso, Roxana tenía escoriaciones en el rostro, en la rodilla, en la piel, que dan cuenta de esa violencia. La fractura es la que genera la hemorragia subdural. Es más, podía haberse producido la hemorragia subdural sin la fractura, que fue lo que inicialmente pensó Franklin Pérez. Pero sí hubo fractura.

»Los hallazgos de la exhumación resultaron relevantes en cuanto a dónde fueron los golpes: el lado derecho, compatible con una persona sentada en el diván viendo hacia el frente. El lado derecho de Roxana estaba expuesto a la pared. Ella estaba sentada o acostada en el diván cuando le estrella la cabeza, me imagino que intentó pararse o sostenerse. Las lesiones llevan a la fractura de la parte derecha; se inicia de ese lado, porque los trazos continúan en el maxilar, donde también tenía lesiones e impregnaciones hemáticas. Todo se pudo determinar porque ese cráneo fue sometido a un tratamiento, lo que aseguró que la detección de las impregnaciones tuvieran carácter científico.

»En las conclusiones, quise plantear algo como una posibilidad. En la sangre de Roxana se consiguió Sertralina. Los psiquiatras coincidieron en que la Sertralina es una de las alternativas en el tratamiento de ella. Queríamos ver cuáles eran los efectos. Se pidió el informe toxicológico, que dio muestra de que la Sertralina te mantiene en un estado de estabilidad emocional, evita esos picos, pero en algunos pacientes, y yo no descarto que le haya ocurrido a Roxana también, crea un estado de somnolencia, de debilidad. Eso está documentado. Cualquiera que me diga a mí si esa situación influyó o no, no lo puedo asegurar, pero es una posibilidad que estaba allí. Por eso la mencioné, para recordar que ella estaba medicada.

»Porque es probable que Roxana no haya advertido el

primer ataque, que la haya tomado por sorpresa, y que no esperaba que hubiese sido con tal brutalidad; porque ese golpe debe haberla dejado aturdida e impedida de defenderse. Los golpes fueron múltiples. De hecho –lo dijo el doctor Franklin, y lo ratificaron otros expertos–, que el daño era epicráneo: la totalidad de los huesos que forman parte del cráneo. A pesar de la fractura, cuyo origen era por un solo lado, eran múltiples las lesiones, los golpes; y en varias direcciones, además.

»Chirinos jamás logró presentar una coartada, porque él, la primera vez, a pesar de que no declaró, dijo que iba a demostrar que estaba en una fiesta de los 50 años de su promoción. Dejó de insistir en eso porque no lo podía probar, porque el asunto de la telefonía ya lo colocaba fuera de contexto. Luego dijo que vio a Roxana, y que después tenía una cita, con una bella dama, y dio un nombre. Dijo que se iba a encontrar con ella, que se perdió y que en eso se consiguió a una amiga abogado. Ella fue y declaró. Con tres o cuatro preguntas cualquiera se da cuenta de que era inverosímil esa versión. Pero peor aún, si analizas sus declaraciones iniciales, del primer día del juicio, verás que él dice que la persona con la que se iba a conseguir era esa abogada. No menciona a la bella dama. En cambio, la abogado dice que lo consigue casualmente en Santa Fe, que él le cuenta, «iba a ver a fulana, pero me perdí». Y ella le propone, «vamos a la casa y nos tomamos un café». Son entonces dos versiones, que no coinciden en nada.

»Cuando él estaba en fuga, que tenía la orden de aprehensión, nosotros le estábamos haciendo seguimiento por telefonía, y pensábamos que había alguna mujer que lo protegía. Y él se movía en esa zona, de Santa Fe, Caurimare, porque a pesar de que mantenía el teléfono apagado y sin pila, cometía la torpeza de prender el teléfono para oír los mensajes; se activaba la antena, y podíamos saber por dónde andaba. Cuando finalmente se entrega, él estaba convencido de que eso era un mero trámite.

»Menos mal que Roxana había contado y escrito mucho

de su vida. Hasta sus temores y advertencias. Chirinos no se imaginó que íbamos a llegarle. Nunca lo consideró.

»Yo sentía durante toda esta investigación que cada vez que hallaba algo había una vinculación con lo siguiente. Que había una ruta, y que ese era el camino. Y tuvimos razón.»

El abogado defensor de Chirinos, Jorge Paredes Hanny, fue breve el día de las conclusiones. Intentó desvirtuar algunos testimonios, pero tuvo poca precisión para referir nombres y fechas, objetivos para refutar. La batuta la llevó Gilberto Landaeta. Sus argumentos estuvieron centrados en tres aspectos: desmontar la presentación de la evidencia; descalificar a los testigos clave, los procedimientos en la investigación y a los encargados de realizarla; y convencer de que no existía vinculación afectiva entre Roxana y Chirinos. Insistió en un aspecto ya antes desarrollado por él: «Esto es un juicio a la ética del doctor Chirinos, y se está confundiendo moral con derecho».

Landaeta expresó que la amiga de Roxana —tampoco recordaba su nombre–, había desacreditado a la víctima. «Mejor ni digo lo que ella contó en este tribunal». Afirmó que Roxana sufría de ilusiones y fantasías. Trató de hacer ver que la sangre que estaba en el consultorio podía no ser sangre, y que si lo era, podía estar desde hace mucho tiempo allí.

Landaeta le solicitó a Chirinos que se pusiera de pie. El acusado lo hizo con rapidez. Le pidió que se sentara y volviera a levantarse. Esta vez lo hizo con lentitud. El abogado, trató de mostrar a un hombre viejo, débil, incapaz de cargar un cuerpo. En ese aspecto se afianzó un rato: Chirinos solo no habría podido levantar el cuerpo, y la fiscalía no había presentado un cómplice.

Pero de manera particular, Landaeta refirió que en el allanamiento en el consultorio de su defendido se habrían podido sembrar evidencias. «No cabía tanta gente para presenciar lo que allí se hacía. No estaban los testigos», insistió. Y sobre el hallazgo del zarcillo, afirmó: «Ningún funcionario dijo que había conseguido ese zarcillo».

Respecto a la posibilidad de que al acusado se le aplicara el agravante de defensa del género, Landaeta apeló a un argumento que cargó de ira a las defensoras de la mujer que se encontraban en la sala. Aseveró que para aplicar el elemento agravante de la ley, Roxana tendría que haber sido pareja exclusiva y estable de Chirinos. Las numerosas fotos expuestas y las relaciones a las que hacía referencia el acusado probaban que la víctima ni era la única relación que el psiquiatra tenía y mucho menos era su pareja.

Landaeta deslizó en su intervención que el Ministerio Público podría haber intentado presionar a la juez, al citar en sus conclusiones artículos de legislación internacional y pronunciamientos de organismos internacionales de Defensa de la Mujer.

Después de las exposiciones conclusivas de las partes, tienen derecho a hablar víctima y acusado. A Ana Teresa, como madre de Roxana, le correspondió hacerlo en primer lugar. Con dificultad, caminó con su bastón hasta el estrado. Un carro la había atropellado en Caracas, justo antes de la graduación de su hija Mariana. Todavía sufría los efectos de la fractura en su pierna, que luego de una operación la mantuvo en cama cuatro meses. Solicitó hablar de pie.

La mamá de Roxana apeló a la voluntad de Dios, a la justicia, y solicitó al Espíritu Santo que iluminara a la juez. Agradeció la actuación del Ministerio Público. Luego habló de su hija. Lloró. Con voz entrecortada, refirió que esa criatura era un ángel: «Bondadosa, cariñosa, soñadora, responsable, que ansiaba ser una gran periodista». Y enjugándose las lágrimas, concluyó con fuerza: «Edmundo Chirinos es el asesino de mi hija. La violó, y tiempo después, la mató. Él es un asesino».

En su turno, Chirinos atravesó lentamente los cuatro metros que lo separaban del estrado. Con unos papeles en la mano, como si fuera a leerlos, se sentó. «Primera vez en mi vida que me veo en una situación como ésta. Ni siquiera una infracción de tránsito he cometido. Nadie me ha demandado, o se ha querellado conmigo, por nada. Nunca».

Después, solicitó que fuera investigada Ana Teresa, quien para él no estaba bien de la cabeza. Y cerró con una expresión que reveló su personalidad: «Si me condenan a 30 años, tendré que meterme en un gimnasio, para llegar en forma a los 106 años». A la mente de varios vino aquella declaración, cuando el psiquiatra, estando en libertad –aunque ya estaba siendo investigado– sintiéndose seguro, fuera de todo peligro, bromeó respecto a la posibilidad de recibir casa por cárcel: «Tengo mucha música y libros pendientes, por leer».

La juez 5º de juicio, Fabiola Gerdel, terminó el recorrido de alegatos y soportes que consideró para emitir la sentencia: 20 años de presidio, contra el psiquiatra Edmundo Chirinos, por el asesinato de Roxana Vargas. Se fundamentó en el artículo 405 del Código Penal: «El que intencionalmente haya dado muerte a alguna persona será penado con presidio de 12 a 18 años». Pena que promedió en 15. Consideró además el agravante del artículo 65, de la Ley del Derecho de las Mujeres a una Vida Libre de Violencia, que en el ordinal 7, precisa: «Si el crimen es perpetrado en perjuicio de personas especialmente vulnerables, con discapacidad física o mental, da lugar al incremento de un tercio de la pena». De acuerdo a los 15 años de presidio, le sumó entonces cinco más. La sentencia acogió también la solicitud del Ministerio Público sobre la prohibición de ejercer la psiquiatría.

Pero lo que realmente sacudió a la defensa fue la decisión de ordenar como centro de reclusión Yare III, ubicado en los Valles del Tuy. Los abogados de Chirinos comenzaron a registrar sus leyes y códigos, y minutos después estaban solicitando reconsiderar esa medida, para que fuese sustituida por casa por cárcel, con el argumento de que el psiquiatra tiene más de 70 años. Sobre la sentencia, la apelación era el trámite esperado.

Un minuto de respetuoso silencio acompañó la salida de la juez Gerdel. Chirinos, clavado en su silla, tieso, no miró a ningún lado. No movió las manos, que tenía sobre sus piernas, ni bajó la cabeza. Todavía, la punta de la toga de la juez se despedía de la sala, cuando el grito conmovedor de Ana Teresa, exclamando, «¡gracias, Dios mío!», dio permiso a aplausos y vítores. Entre abrazos y lágrimas, me dijo: «Se hizo justicia. Por fin, voy a vivir en paz".

ANEXO

*E*stas conversaciones entre Miyó Vestrini y el psiquiatra Edmundo Chirinos se realizaron a mediados de 1991, pocos meses antes del suicidio de la notable periodista y escritora, el 29 de noviembre de ese año. Según sus más allegados, Miyó consideraba la posibilidad de hacer un libro sobre Chirinos, de quien también fue paciente.

La transcripción de estas conversaciones ha sido respetada en casi su totalidad.

—**Los progresos de la neurofisiología contemporánea han sido espectaculares, y existe ya una explicación racional para describir el funcionamiento del cerebro. Sin embargo, persiste el enigma del pensamiento, del alma, de la conciencia. ¿Cuál es tu posición al respecto?**

—No se trata de encontrar un fantasma que recorra la maquinaria cerebral. No hay tal cosa. La relojería cerebral a su vez no es la que impregna el espíritu. La hora es la hora, es el tiempo, y el reloj marca caprichosamente un determinado orden del tiempo.

Nunca he entendido esa angustia del hombre por la dualidad mente-cuerpo, espíritu-materia. Es evidente que somos materia, primariamente. Polvo eres y en polvo te convertirás. Y que lo que hay, es un tránsito de una materia superespecializada que es el sistema nervioso y el cerebro, que son 10 mil millones de neuronas, una población tan inimaginable que hay que ponerle 14 ceros al 10, y aún así la gente no sabe exactamente cuántos son. Para colocar una de esas nimiedades que es como un chip, tiene cuatro o cinco posibilidades con la que está al lado a través de la sinapsis, y lo hace a través de 80 neurotransmisores mínimo. ¡Es un universo tan complejo!

—Como una gigantesca computadora.
—La más grande del mundo. Si se extendiera la superficie terrestre, no cabría un sólo cerebro en número de chips y transmisores sobre ella. Por supuesto que el funcionamiento de una maquinaria tan exquisitamente complicada da lugares a fenómenos como el pensamiento, los sentimientos, y por supuesto, el lenguaje. Entendido así, se simplifica considerablemente la comprensión de la llamada mente. La mente no existe, si no existe el sustrato que la soporta. No tiene sentido el producto que surge de esa interacción maravillosa de esa trama neuronal. La posición de los dualistas, o de los monistas espiritualistas a ultranza, o de los monistas materialistas reduccionistas y simplificadores, es falta de formación en teoría del conocimiento. Esta debería ser una materia obligatoria, por lo menos en todas las carreras universitarias, y cuidado si no en el bachillerato mismo. Yo no creo que ese dilema exista, y lo que sí me parece interesante es, ¿por qué el hombre se lo plantea y replantea constantemente?

Yo creo que es porque si se acepta eso así, es aceptar que uno es perecedero, y que incluso la segunda ley de la termodinámica es muy terminante: hay una energía en un orden determinado, que marcha hacia el desorden, hacia la nada, hacia la desintegración de la materia, y nosotros somos materia excepcional, y diría yo, cruelmente pensante, que es lo que la conciencia de una adversidad, un accidente de la materia viva, le permite al hombre reflejar y verse a sí mismo, y por supuesto, esto nos enfrenta a la muerte. Y el ser humano es el único animal que es ser, porque piensa y porque sabe que la muerte existe. Y frente a ese horrible castigo, ineludible por lo demás, el hombre inventa entre otras cosas, a Dios. O inventa las ideologías, los grandes recursos del arte incluso, porque la muerte existe, y es inevitable el desenlace terminal.

Por eso el hombre prefiere escindirse en mente y cuerpo, en materia y sustancia espiritual. En los laboratorios hemos reproducido, más de una vez para los estudiantes, lo que llamamos conocimiento de escape o evitación: si a un animal lo enseñamos a pedalear frente a una luz que le amenaza, o frente a un choque eléctrico, el animal termina por aprender rápidamente a evitarlo. Esa coartada maravillosa que inventa el hombre a través del arte de la cultura y la concepción religiosa de la vida, es un funcionamiento de escape.

—¿Cómo escapas tú?

—Con una aceptación cotidiana de la muerte, vivenciada como una situación exigente de cierta calidad ética y estética de vida. Es decir, disfrutar lo hermoso que otros hombres han hecho, que está en el arte, la literatura, la filosofía, la música, que de paso es la más fácil de todas las artes porque ni siquiera hay que mirar como en la plástica, por ejemplo. Los oídos no tienen párpados, y mientras escuchas, puedes irte fácilmente de este mundo, una de las maneras creo yo más dignas de vivir. Una ética existencial, donde lo que trasciende se da con lo que de óptimo ha hecho el hombre. Por eso pienso que la gente envejece y se torna con el envejecimiento más cobarde, y llega a vivir una vejez como si fuese una instancia en la que se tiene conciencia de la muerte, y es una vejez egoísta y cruel, porque no se prepara para enriquecerse, y no aprovecha más bien los años de la madurez como los mejores de su vida, porque ya uno no tiene la vocación de triunfo, de dinero, de fortuna, de prestigio, que tanto moviliza a un ser joven y que tanto le angustia. Lo peor que hay es un viejo que envejece aferrado al poder, a la fortuna, a la búsqueda de prestigio, cuando debía ser más bien ese hombre plácido que ha vivido, que sabe que los demás van a seguir su propio camino. Cuando hace pocos días en una infeliz declaración, uno de nuestros políticos dijo que quienes pedían la renuncia de la Corte eran unos viejitos, la respuesta de Uslar me pareció muy inteligente: viejitos quisiéramos ser todos. Claro, ancianos serenos, estables, sosegados. No esos que actualmente están gobernando al país.

—De acuerdo a trabajos recientes de Agnes Bablo-yantz y sus colegas de la Universidad de Bruselas, un electroencefalograma que revele una actividad cerebral demasiado regular, demasiado estable, conduce generalmente a la epilepsia y otras enfermedades cerebrales. ¿Podríamos deducir entonces que el cerebro es, en sí, un mecanismo caótico?

—Todo lo contrario. Es tan perfecto que no obstante el mundo externo sea caótico, una inmensa proporción del cerebro está organizada. Lo que pasa es que esas partes están subutilizadas, que es una consideración bien diferente. Lamentablemente esa población casi sideral que hemos descrito permanece aburrida, llena de tedio, sin uso alguno por la vacuidad existencial, porque el hombre dedica su vida a subsistir, a sobrevivir, y no ejerce lo que yo llamo la economía de la trascendencia. Es algo más que comer, dormir, trabajar, hacer el amor de determinada manera, vivir para la economía corporal. Allí, el cerebro está siendo totalmente subutilizado. Acaban de descubrir el hombre de los hielos, cuatro mil años, y es el mismo hombre actual. ¿Qué ha pasado en cuatro mil años? ¿Se ha perfeccionado el hombre? ¿Es más feliz, más creador? ¿Más estable? ¿Las inmensas masas de la humanidad son más felices?

El drama del hombre frente a la naturaleza es no darse cuenta de que formamos parte de una cadena. Somos unos seres vivientes más, y no ángeles caídos del cielo. Somos una especie más dentro de las especies, que vive de ellas, y ellas de nosotros. Es una sola y única totalidad: la universal.

—¿Por qué el hombre es tan violento? ¿Por qué mata?

—Es el único ser que mata por agresividad. Nadie se imagina a un león comiendo una gacela por rabia. Lo hace por sobrevivir. Es un acto poético. El más fuerte intenta mantener su vida sobre la base de otro ser más débil, más frágil muscularmente, o en reflejos. Hay diferencia entre violencia y agresividad. Todos los seres son violentos, en la medida en que la violencia es una respuesta necesaria para sobrevivir. El único agresor es el hombre, porque conquista y mata, no para sobrevivir, sino para satisfacer brutales instintos, generados a su vez por la sociedad en la que se vive.

—Instintos de poder...

—Sí, instintos de posesión, de invadir territorios ajenos. En este momento la humanidad se ha quedado absolutamente inerme, y es por ello que Bush propone el desarme nuclear. Porque ya tiene el poderío tecnológico a otros niveles, que le van a garantizar no ser destruidos por la vía violenta, sino por la vía de la agresión sutil de la tecnología. Es el único ser que mata por el placer de matar, y por la necesidad de poseer cosas que no necesita, y por explotar a otros seres humanos, para humillarlos. El misterio que se plantea Gandhi: «No entiendo cómo hay seres humanos razonables o normales, que puedan vivir humillando a los otros». Y eso es lo que hacen los inmensos imperios. Mientras exista esa sed de dominio, de control de poder, nunca la humanidad podrá ser feliz y me temo que no tiene vuelta atrás. Las comunidades animales son violentas, porque utilizan la violencia para sobrevivir. El hombre ejerce la violencia, no para sobrevivir, sino para conquistas, porque la economía de la trascendencia no está en la búsqueda de bienes éticos, estéticos o de trascendencia espiritual, sino de bienes de existencia material.

—Pero esa generalización de la violencia en el hombre, ¿no se podría definir como un fenómeno meramente neurofisiológico que forma parte de la estructura cerebral? Muchos bioquímicos afirman que las reacciones cerebrales son tan banales, como las del aparato digestivo. ¿Implica esto que si en el futuro mejoran aún más las técnicas exploratorias del cerebro se podrían definir en términos científicos la memoria, los sentimientos, la naturaleza misma del pensamiento?

—Si nosotros estimulamos exactamente una zona que se llama núcleo o amígdala del hipocampo, provocamos en el animal humano o cualquier otra forma de mamífero, una respuesta que se llama *cambrage, «the cambrage»*, la falsa rabia. Provocamos la gesticulación de la agresión: el animal abre las fauces y tiende a morder. Pero si le metemos el dedo en la lengua, el animal no muerde. Es bien interesante. La seudo rabia. Una respuesta de agresión corporal evidente. Pero es una respuesta que está meramente registrada en el cerebro, como una huella filogenética de lo que posiblemente fue una respuesta absolutamente necesaria en nuestros mamíferos predecesores. En el hombre ha pasado a ser inútil; las estructuras neurofisiológicas están allí, en consecuencia su corte es bioquímico. Justamente, el hombre no tiene respuesta cuando agrede con las manos, ni con las fauces. Agrede con otra parte de su cerebro. No es porque el cerebro tenga una secuela como un fósil de su filogénesis, como una huella de su pasado filogenético, sino que la cultura, la sociedad, la convivencia colectiva inarmónica, genera en cada hombre patrones de control y de sumisión, de autoritarismo y obediencia, y en este círculo vicioso es donde se forma el control que hombres ejercen sobre otros hombres. Sociedades sobre sociedades. Países sobre países. Eso no tiene nada que ver con los núcleos de violencia interna.

—¿Un bebé no es agresivo? ¿Todos nacemos con el mismo cerebro? ¿Qué determina entonces que algunos sean agresivos y violentos, y otros no?

—Tan somos iguales al nacer, como tenemos las potencialidades para ser distintos. Allí es donde Marx dio las claves fundamentales: la lucha de clases. Porque existen seres humanos que quieren dominar a otros, y existen profundas diferencias clasistas que tienen, por supuesto, implicaciones étnicas de todo orden, prejuicios de toda naturaleza. Allí es donde el capitalismo es un mundo atroz. Lamentablemente dominante por la caída del bloque socialista. Esta caída es la renuncia a la fe y la esperanza.

—Pero fue una caída motivada, nada gratuita.

—Porque no aplicaron, ni entendieron, ni desarrollaron la filosofía marxista. Engels y Marx tenían que haber sido actualizados, enriquecidos, con el inmenso aporte de la tecnología y otras ciencias. Lamentablemente la rigidez de los hombres que ejercieron estas concepciones inicialmente, su celo policial por conservar a todo trance el ideario inicial, provocó un fenómeno interesante: el de la *saciación*. Una vez que el hombre tiene la vivienda, la salud, la alimentación, ya eso no importa. Quiere comprar esa quincallería absurda y necia, que el capitalismo sí sabe ofrecer. Aquella gente cambia, la felicidad entre comillas, de un bienestar, de una existencia económica y espiritual relativamente cálida y satisfactoria, por la búsqueda de un estímulo nuevo, extraño, que es lo que la inmensa minoría, la minúscula proporción de seres humanos en el mundo capitalista, disfruta. De allí el triunfo del capitalismo: haber podido vender ese estímulo diferenciador de lo que es la presunta paz del hombre nuevo que nunca se llegó a concluir, porque no se tomó en cuenta que la motivación humana se sacia fácilmente, y que hay que buscar otros alimentos para generar nuevas vocaciones de sobrevivencia, y la venden a uno tras la democracia, esa horrible forma de vivir, que si el derecho al voto, que el derecho a disentir, cuando sabemos que es un embuste de quienes regentan los grandes poderes económicos.

—**Nadie es libre realmente, ni aquí ni allá.**

—En ambos regímenes. Pero aquí es peor. Porque allá había libertad para comer, libertad para un buen morir y una buena salud. Aquí ni siquiera tenemos eso. En cambio tenemos la droga de la llamada libertad de expresión, la droga de la libertad de poder crecer. Lo que acá es libertad, no es sino una sumisión a la dependencia.

Hay tres formas de conciencia que tienen que ver con las formas de libertad: libertad vinculada directamente con la fisiología más ancestral que el hombre trae. Al nacer traemos un sistema rígido de respuestas que garantiza nuestra sobrevivencia más elemental: por eso respiramos, por eso podemos pasar rápidamente de la placenta y del útero a la respiración del oxígeno externo, y podemos seguir sobreviviendo con mecanismos respiratorio y digestivo. Hay una necesaria rigidez con muy poca libertad. Luego hay un segundo aprendizaje, que también es biológico, porque todo lo que aprendemos necesariamente se incorpora a esa masa sináptica que hemos comentado. Y la tercera libertad es la peor de todas: la que expone al hombre a la libertad de las masas, de las muchedumbres, que no es sino una esclavitud. Porque la inmensa masa de seres humanos está controlada rígidamente por pequeñas corporaciones que controlan a su vez los medios de comunicación, los medios de producción, el mercado, el consumo. Esa es la inteligente crueldad del capitalismo: la capacidad de decirle al mundo, fuera los misiles, fuera las armas nucleares, porque ahora tenemos las masas, para destruir la inteligencia de los seres humanos.

Seguirán las nueve décimas partes de la humanidad, viviendo en la miseria más abyecta y más sin sentido. Todo porque una mínima proporción de los seres humanos tuvo acceso al conocimiento. De allí el último libro de Toffler: el poder ahora, es el poder del conocimiento. Quien sepa más, controla y es dueño del mundo. Eso lo están logrando los norteamericanos con una aparente posible oposición de los japoneses y del bloque de los países del triángulo sur. Lo que no entienden los últimos conversos, que me produce cierta náusea existencial, es que con la caída del socialismo se acaba la única posibilidad de control que tenía el imperio norteamericano para evitar que nosotros seamos explotados mucho más.

Cuba requiere ahora más que nunca de una solidaridad extrema. De paso, lo único con lo cual yo estoy de acuerdo con el presidente Pérez, es que en medio de estos dos años y medio de horror, al menos no ha caído en la histeria de los anticomunistas y anticastristas. Y frente a ese monstruo, el más importante ser que ha dado el siglo veinte, Fidel, estos pequeños enanos presidenciales del subdesarrollo, por lo menos hay uno, el nuestro, que se yergue sobre sus hombros, y le dice al gigante, estoy dispuesto a que no te caigas.

—En un futuro muy cercano, sabremos exactamente la secuencia del mensaje genético, situada en un punto preciso de tal o cual cromosoma, la que determina nuestras características, desde la resistencia del cáncer hasta la tendencia a la depresión. Y tendremos los medios para modificar esta secuencia. El hombre dominará su especie y su destino. ¿Representa esto un peligro o un beneficio para la humanidad? ¿Qué hará la ciencia con esta libertad de escoger, de diseñar el hombre a su antojo?

—Los personajes robotizados, son seres humanos replicados con una perfección abrumadora. Con la computadora replican todos los comportamientos humanos, incluyendo algunos que se parecen a la conciencia. La ficción tan prolífica, no está tan lejana a la verdad. Las computadoras pueden generar una forma de conciencia tan autónoma que podría independizarse de quien la programa. Un peligro que está en marcha. En efecto, los códigos genéticos están tan bien estudiados, que va a ser posible como lo afirmas, que a corto plazo podamos construir seres humanos –ya lo hacemos, *in vitro*, fuera del útero–, probablemente vamos a poder combinar los ribonucleicos masculinos con los femeninos, y vamos a programar el desarrollo genético de cada una de estas estructuras. Eso es por una parte tremendamente esperanzador, desde el punto de vista de la enfermedad.

—Por ejemplo, a una madre con riesgos y tendencia de cáncer, se le podría eliminar en su código ese peligro.

—Eso es perfectamente posible en la ciencia de los próximos años. Todas las formas de patología. Beneficioso en cuanto a la prolongación de la vida, hay quienes ya anuncian los 120 años posibles. La gran pregunta, es qué va a hacer el hombre durante esos 120 años. Si a los 50 no ha hecho nada en muchos casos, en los otros 70 que le quedan, la vida va a ser terriblemente fastidiosa, cuando podría ser, como dije antes, la etapa más hermosa y creativa del hombre.

Lo positivo sería entonces evitar la fatalidad de las muertes genéticamente previstas y programadas.

La otra área que es monstruosa, es el control físico de la mente. Va a ser posible. De hecho, ya existen dispositivos en Estados Unidos, y yo los he utilizado para control del cerebro, por vía de la programación audiovisual con mensajes subliminales. Es posible reclutar los ritmos eléctricos cerebrales, de modo tal que uno puede provocar en el paciente las reacciones perceptivas que uno programa. También es positivo porque puede haber súper aprendizaje, un mayor desarrollo de esas áreas silenciosas del cerebro que han sido subutilizadas; pero también, por supuesto, será posible el control tecnológico de las muchedumbres. Como periodista, sabes que en estos momentos uno de los grandes dramas que tiene la cultura europea es sentir que los *comics* norteamericanos, y que los frívolos y necios programas de televisión, provoquen cambios en las masas europeas cultas, y por supuesto con más razón, en las incultas del mundo.

Esta es una de las razones de la caída del bloque soviético: las parabólicas llevaron al ciudadano soviético común, el mundo de «Falcon Crest» y de «Dinastía», como el mundo occidental. ¿Cómo no se va a rebelar contra las llamadas dictaduras del proletariado? Los efectos del control tecnológico de la mente son de una oscuridad, que van a hacer resurgir posiblemente el sentimiento religioso como única fuerza, muy débil para mantener al hombre dentro de cierta mística, dentro de cierta vocación de trascendencia.

—¿Habrá un resurgimiento religioso?

—Yo creo que va a haber un resurgimiento del pensamiento religioso, como lo ha habido en Japón, actualizado y tecnologizado, para que la gente tenga fe, tenga mística, para que más gente mejore la calidad de su vida, y tenga armas con qué defenderse de esta invasión monstruosa que supone la primacía y control del capitalismo.

Dentro de ese poderío del capitalismo, la tecnología ha pasado a ser un instrumento fundamental. Y el control físico de la mente, ya es un hecho. Podemos implantar electrodos en ciudadanos perfectamente comunes, y ordenarles a distancia lo que tienen que hacer. Lo que hizo Delgado, delante de mí, en Madrid: puso electrodos en el cerebro de un toro. Y cuando el torero hacía su ballet delante del animal, el animal se quedaba quieto, con la cabeza agachada. Y al pulsar otro botón, embestía de tal o cual manera. Una manera de acabar con la fiesta taurina.

Todos estos monstruos que nos están vendiendo, musculosos, supersónicos, con todo el ornamento de la tecnología norteamericana, eso es un hecho brutal. Así como en medicina prácticamente podemos visualizar todo lo que hay en cada órgano, en cada víscera, dentro de la sangre, y eliminar por supuesto la savia de la medicina tradicional. En cierto modo depende de la ética de los médicos, parte buena, y de la parte espiritual de los médicos, parte mala. También se podrá controlar a los seres humanos. Esa sociedad psicofísica es de las dos primeras décadas del siglo XXI.

—Es decir, ya.

—Muchos van a padecer algo. Ya se advierten señales en el arte. Buena parte del *pop art,* incluyendo esa horrible música del rock ácido, no es sino la expresión de esa decadencia de la vocación espiritual de la creación. Los muchachos, entre la droga y el rock, lo que hacen es envilecerse, sin ninguna clase de percepción espiritual, ni de calidad de afecto. Son seres humanos robotizados. Si uno entra a una discoteca, oye la música y ve a los muchachos bajo el efecto de la cocaína y del efecto de poderosos amplificadores, que reproducen una música horrible, y concebida además bajo el efecto de la droga, y uno dice, ¿y?.. El futuro es cruel.

Quienes ejercemos la psiquiatría sabemos que ese es el drama fundamental. Es el momento de consulta número uno. El drama en el joven contemporáneo, ya el púber, ya el niño incluso de 9, 10 años. En las escuelas primarias están repartiendo drogas en las esquinas, y utilizando a los propios niños para repartir, como agentes del tráfico, para garantizar un semillero de consumidores y traficantes. Y hacerlos unos expertos. El resentimiento de los jóvenes, es parte de su frivolidad.

Basta pasearse por la imagen de los dirigentes políticos nacionales. Liscano hizo una selección de una docena de políticos cultos, de los cuales yo conozco buena parte de ellos. No son tales. ¿Quién es Bush? ¿Menem o Collor de Melho? No hay nada en ellos. Hay ausencia de liderazgo en el mundo. Recuerda que todo adolescente necesita modelos, su aprendizaje social es por modelos. Y hay una tremenda ausencia de liderazgo político, en virtud de que los líderes políticos no son sino vasallos, *office boys.* del Fondo Monetario Internacional.

En los Estados Unidos hay un profundo deterioro. Es el país de más alto consumo de droga en el mundo. De modo que así como cayó el imperio soviético, no pasará mucho tiempo sin que caiga el norteamericano, carcomido por dentro. Los valores de esa sociedad están verdaderamente desintegrados. Si uno se pone a analizar la producción ética y estética de los Estados Unidos en estos últimos años, es paupérrima. No produce nada. Así como en esta segunda mitad de siglo que termina, ha producido muy poco, si la comparas con Latinoamérica. Los grandes pensadores, los grandes escritores.

—Curiosamente, lo que más se ha desarrollado allí es la neurofisiología.

—Porque es una disciplina que deshumaniza, y la droga es parte de esa creación neurofisiológica. Hoy sabemos cómo actúan la cocaína, el alcohol, la marihuana, la nicotina, la cafeína, y estamos estimulando su consumo, no impidiéndolo. En parte, porque el capitalismo enroscó sus grandes operaciones financieras con el mercado de la droga. Es la segunda razón por la cual la droga crece de un modo tan desmesurado, tan incontrolable.

—Sobre todo entre los jóvenes.

—Claro, porque el adolescente sigue siendo el ser humano que es violentamente transformado por la presencia de las hormonas en su sangre, y está pasando de la niñez a otra etapa. Eso siempre fue así, y lo seguirá siendo. Claro está, en un mundo distinto. Pero naturalmente, lo que encuentra en la dirigencia del mundo, y en la mercadería que se le ofrece, es una frivolidad, una superficialidad que, por supuesto, le hacen mucho más fácil la evasión, por la vía de la droga. Es el escape de esta sociedad cruel, mercantil y sin fondo, en el que la glorificación la produce un instante de cocaína en su cerebro. Instante de glorificación, de grandeza y de poderío, que tiende a reproducirse y a repetirse.

—Efectos concretos en un joven.

—Daños severos de su sistema nervioso central, ampliación de los llamados ventrílocuos cerebrales (cavidades en las cuales circula el líquido céfalo raquídeo entre un hemisferio y otros). Es un daño irreversible. Y eso es lo dramático. He conocido adolescentes, ya muy dañados. Es más, después de cierto momento, uno se da cuenta de por qué la expresión del rostro, de la pobreza de ideas, la rigidez del comportamiento, y concluyes en que no hay vuelta atrás. Y todo lo que hemos hecho en materia de comunidad terapéutica en buena proporción resulta fallido, sin éxito. Y claro, las familias desesperadas.

—¿Y no son estas familias las responsables?
—Si seguimos aceptando que la familia es el núcleo de una sociedad, del tejido social que es la célula, y recurrimos a los símiles ya tradicionales, por supuesto caeremos en el lugar común de decir que es el padre, la madre; y la madre que a su vez es hija de mamá y papá, y se hace el triángulo edípico. Pero la familia tiende a desaparecer.

—Eso lo anunció la antipsiquiatría, David Cooper quien escribió «La muerte de la familia».
—Y no sólo Cooper, sino Laing y Basaglia. Ellos sostenían justamente, que una familia está toda enferma, porque la sociedad está toda enferma, porque la televisión está toda enferma. Naturalmente, el eslabón más frágil de ese tejido familiar, es el que se rompe: el drogadicto o el esquizofrénico. Entonces la familia se cierra para lamentarse, y no se da cuenta de que ellos también están enfermos. Como no se da cuenta tampoco una sociedad en su conjunto, que es capaz de elegir a un Presidente cada cinco años, que es el mismo personaje que los ha engañado una y otra vez. La familia tiene mucho que ver. Y ese fue un gran aporte de la antipsiquiatría. ¿De qué nos vale conocer esto? Si a su vez la familia forma parte de una gran rama mayor, es el mundo el que está enfermo. Es la civilización la que está enferma. Todos han fracasado, uno tras otro, frente al imperio de la tecnología del capitalismo. Por eso insiste Toffler, en que el poder del conocimiento, es el nuevo poder. Ya no es el dinero, es el conocimiento.

—**Si lo redujéramos a la consulta, ¿sería posible elaborar alguna estadística sobre consumo de droga?**

—No menos de 30 por ciento, incluyendo no sólo al consumidor, sino también a su familia; 50 o 60 por ciento, parejas con problemas; y 10 por ciento, problemas clásicos de la psiquiatría: esquizofrenia, depresión, etc.

—**Terapias antidrogas...**

—Los cubanos, sin ánimo de lucir *fan*, están en los primeros lugares. Los niveles más altos en diversas áreas están en Cuba. Traumatología, cirugía, psiquiatría, son muy buenas. Como ellos no tienen mucha experiencia en materia antidrogas, se puede manejar una terapia dentro de la isla. Pero cuando regresan, cuando vuelven a la sociedad, y encuentran a los amiguitos que no han hecho terapia y siguen consumiendo, se pierde todo. Por eso la tremenda dificultad de terapia, en materia antidrogas.

—**Igual el alcohol.**

—No es lo mismo, ya que evidentemente el alcohol no produce los daños cerebrales, ni los trastornos de comportamiento, que produce la cocaína. El efecto es instantáneo, intenso y destructivo. Pero el patrón de comportamiento es igual. Porque, ¿con qué autoridad le dice un padre alcohólico a un hijo consumidor de marihuana, que no lo haga? Venezuela es el primer país consumidor de alcohol por la riqueza, por el exceso de bonanza. Yo diría que por el exceso de antisocialismo, por la falta de austeridad de la clase media alta, que ahora se vio menguada de tomar whisky, y tomará ron o aguardiente puro, o seguirán tomando, y dejarán de comer, de vestirse o de cuidar a los hijos. Porque antes de todo está el trago, demasiado arraigado en nuestra culturas. Entonces, ¿para qué campañas?

—**¿Qué harías tú?**

—Recuerda que no soy adicto a esta forma de democracia, y no creo que por la vía del mero decreto, que no tiene seguimiento represivo, y por la vía de la impunidad absoluta, que es la que tienen en cierto modo los dirigentes del país, no se permite ninguna acción. La única forma, sería eliminar la impunidad. La gran pregunta que yo siempre me he hecho, es: qué hace un hombre de izquierda, pasado a un partido de derecha. ¿Fue a buscar ideología? ¿Fue a buscar identificarse con un ser humano de gran calidad? No. Fue a buscar impunidad parlamentaria, que le da el partido. El partido es un gran club social protector, de eso que muy inteligentemente Escovar Salom ha llamado la solidaridad automática. Solidaridad para la corrupción.

—¿Existen diferencias marcadas entre un cerebro masculino y uno femenino? Si no las hay, ¿cómo explicar las habilidades mayores o menores, de mujeres y hombres en determinadas áreas creativas y productivas? Por ejemplo, ¿por qué los grandes directores de orquestas son hombres, sin que hasta ahora ninguna mujer haya destacado en ese campo?

—La glándula que pende del hipotálamo, es la gran directora de la sinfonía endocrina, de la orquesta hormonal; la batuta está allí. Allí hay una estructura absolutamente distinta en el hombre que en la mujer. El comando de los estrógenos, es lo más maravilloso que puede ocurrir en el mundo, y controla la conducta de la mujer, sus ciclos ováricos, la posibilidad de ser fecundada, la reproducción; controla los caracteres secundarios que han sido y siguen siendo la locura de la humanidad, la forma y la morfología de la mujer; todo ese condicionamiento que es un gran circuito cerrado, entre la periferia ovárica, la periferia glandular y el centro hipotalámico, está controlado por el hipotálamo. Y allí los núcleos tienen que ser necesariamente diferentes, porque a su vez están gobernados por las hormonas, y éstas son híbridas, mitad neuronas, mitad glándula. Por cierto, que descubrieron lo de los homosexuales. Así como la zona del Golfo Pérsico es la zona explosiva del planeta, esa es la zona de la explosividad humana, incluyendo la de las diferencias sexuales. Es determinante. Detrás de esos núcleos están los hemisferios, está el resto, que son distintos, izquierdo, derecho. El derecho es mucho más intuitivo, más pensante. El izquierdo, es mucho más visual.

—Se ha dicho de esta diferencia de hemisferios que es la razón por la que no hay mujeres compositoras, o directoras de orquesta.

—Tengo una opinión totalmente personal. Hay hipótesis psicoanalíticas, pero muy descabelladas. Los estrógenos y la hembra, en consecuencia el cerebro de la hembra, tiene muchísimos más recursos para la modulación del cuerpo y también para la modulación de la laringe. La laringe humana femenina es increíblemente versátil. Hay que ver lo que es una negra norteamericana cantando. Ella Fitzgerald, Sarah Vaughan, Houston, la misma Streissand. Tú sientes una capacidad de manejo de los músculos laríngeos, que no tiene jamás un cantante masculino. Ni Pavarotti o Plácido, cantando un bolero o un *blues*. No pueden. Son básicamente un torrente pulmonar, con una glotis también para otras cosas. Recuerda que la mano del hombre es el otro gran centro que exige del cerebro, un gran gobierno. El mono se hace hombre porque la mano se desarrolla; y la laringe se hace y da la voz, y da la posibilidad de comunicación verbal, porque la mano también se desarrolla. En la película *2001 Odisea del espacio*, en la primera escena, el hombre toma un garrote, lo eleva, y ve la nave espacial. En esa escena de la magia cinematográfica, se inscribe toda la historia de la ciencia y la tecnología, y todo el desarrollo del pensamiento humano. Yo creo que la laringe femenina, igual que las caderas femeninas, igual que el movimiento de la hembra, son inmensamente más ricos. En cambio, el toque de los instrumentos, que es toque de teclas de las bandas de un saxo, o las inflexiones de las muñecas sobre la cuerda de un violín, y unas manos que manejan una orquesta, son mucho más primitivas, mucho más simiescas, a pesar de lo sofisticado del producto. En cambio el movimiento interno de la voz, es mucho más rico en la mujer que en el hombre. Los grandes, desde el necio del gallego Julio Iglesias, hasta la exquisitez del mexicano José José, o del propio Sinatra, son muy pobres, al lado de la modulación de una voz femenina.

Entonces, sí hay diferencias. En rigor, sí hay una zona predominante como la zona de Brocan y el lado frontal izquierdo, que es lo que tradicionalmente se aprende en anatomía. Hoy por hoy, se van creando ciertas sinapsis lingüísticas, dispersas en todo el cerebro. Y es lo que le da a los lacanianos cierto asidero en el futuro, claro de otro enfoque, en la neurofisiología.

El personaje más genial que ha dado el mundo freudiano es Lacan.

—Eres lacaniano.
—En absoluto. No, porque entre otras cosas, yo no conozco todavía a alguno que pueda ser muy lacaniano, ni siquiera el propio Lacan. Una vez escuché decir a la hija de Freud que si su padre renaciese, sería el último psicoanalista. Yo estoy por decir que si Lacan, recién fallecido, resucitara, estrangularía a su hija, a su yerno, y a todos los lacanianos. Porque para ser lacaniano, hay que tener erudición. Lacan fue filósofo, estructuralista, lingüista. A los 30 años escribió un texto sobre paranoia extraordinario, era un psiquiatra y un médico de primera, y de una cultura igual que lo fue Freud en su época. Lo que no puedo entender es cómo existen lacanianos, porque hay que manejar a Saussure, hay que manejar a Chomsky, al propio conductismo, a todo lo que es Skinner, a Levi-Strauss, toda la antropología y por supuesto a Freud. Yo me pregunto cómo se hace alguien lacaniano, y se da ese nombre. Lo menos que se requiere para ser lacaniano son diez años, sólo estudiando y no viendo pacientes, que fue uno de los dramas de Freud y de todos los psicoanalistas. Yo se lo dije cuando vino a Venezuela, y fui uno de los pocos que lo adversó, porque me pareció que era demasiado sofisticado para nosotros. Es

como si nos apareciéramos con Schoenberg (a menos que tuviésemos la técnica del amigo Machado), a enseñarles a los pemones a entender música atonal. Eso requiere una evolución del cerebro. Una cosa es tocar la flauta de pan y otra dirigir música atonal. Dodecafónica. ¿Quién entiende a Lacan aquí? Quizás García Bacca, que a mi juicio es el filósofo más grande del siglo XX. Tan grande como Heidegger, o como Sartre, que queda pequeño ante García Bacca. Y en Venezuela, Juan Nuño, Federico Riu, gente de ese nivel, quizás.

—¿A quién cura Lacan? ¿Qué cura?

—A él lo han calumniado tanto, que cuando anunció que reducía la consulta a 50 minutos, se le acusó de mercantilista. Él no escribió nunca. Lo que hacía era hablar y hablar. Se llenaba el auditorio porque era un extraordinario improvisador.

—Una curiosa simplificación hace que aún se considere al conductismo como fascista y al psicoanálisis como marxista. ¿Cuál es la diferencia esencial, entre esas dos escuelas?

—Para manejar la dialéctica, yo voy a decirte todo lo contrario. Yo lo he dicho muchas veces: el conductismo es la tecnología psiquiátrica del marxismo. Y el psicoanálisis podría ser la del fascismo, o de las poblaciones de derecha, para llamarlas de alguna manera. Porque en última instancia, el pleito, el debate, la polémica, la controversia, se presenta ante el mentalismo extremo, que conduce al subjetivismo, que lo lleva a su vez el ensimismamiento, que es lo que es el psicoanálisis. Freud es el gran creador de ensimismarse. Del arte de ensimismarse en la elucubración del propio lenguaje, que en última instancia Lacan perfecciona cuando autoriza el inconsciente a través del manejo de la lingüística. Y el conductismo no es la prolongación de lo que Pavlov intentó hacer con el condicionamiento. Sólo que en él era muy simple porque era una campana y saliva. Y en Skinner es emisión de una respuesta, y consecuencia de la respuesta emitida con negación absoluta de lo que es la vida subjetiva del hombre; lo cual pareciera ser un requisito absolutamente válido para toda ciencia. No tomar en cuenta la subjetividad humana, porque la mente no existe sino como consecuencia de la acción de una cultura sobre un sistema nervioso excepcional.

Los primeros freudianos fueron marxistas. El freudomarxismo fue el híbrido más productivo que se ha dado en psicología durante muchos años. Después no pudo progresar por limitaciones epistemológicas. Más bien las orientaciones espiritualistas vienen al conductismo también por marxistas.

Yo siento en el fondo que lo que hay en el ser humano, es un gran temor a la ciencia. Y de hecho, todo lo que intente explicar y comprender la conducta genera una gran resistencia en el espiritualismo humano. ¿Por qué? Una cosa es la psicología de la comprensión, y otra es la psicología de la explicación. Mientras estamos en la psicología de la comprensión, habrá multitudes de terapias del hombre, porque es un arte. Cierta dosis de lucidez interna es suficiente para que el cerebro medianamente exigente lo acepte.

La explicación requiere horas de laboratorio, de verificación experimental, que es la única forma de verificar una teoría científica. Yo creo que frente a todo intento explicativo racional hay una resistencia interna, y volvemos al principio de la entrevista. Porque el hombre no quiere enfrentar la racionalidad que la muerte exige. Porque no queremos aceptarnos como materia que va a extinguirse, como accidente de la materia viva en el acto conciente o inconciente, como cierto grado de la objetivización de la vida exterior, que es la nada. Esa razón del ser, que es estar en la nada. Nadie es, ha sido, o está siendo; y la esencia del ser, es estar siendo, que es lo único realmente válido. Aceptar eso es duro, y nos lleva entonces hacia Milan Kundera y sus novelas: a vivir la vida cada instante, como el último instante del infinito. Esa es la clave de la felicidad, o del bienestar, o de la armonía interior, como se le quiera llamar. Si el ser humano no logra darle a cada minuto de su existencia el sentido de la intemporalidad, o de la infinitud, no se llega a lo que García Bacca llama la transfinitud, que es atravesar el infinito, con cada momento que se viva.

—**Lecturas.**
—Un psiquiatra que no haya leído filosofía, no es un psiquiatra. Es un administrador de drogas o de recetas simplistas. Pero básicamente, un psiquiatra es una combinación de un biólogo con toda la extensión que esto supone, con un filósofo. Maneja el ser humano, que tiene un sistema nervioso que es la biología más complicada del mundo, y una cultura en un desarrollo histórico, cuyo presente no nos permite recordar el futuro, sino medianamente intuirlo. Y para eso se requiere haber estudiado mucha filosofía. Por otra parte, ve, desde un retrasado mental rural, hasta un personaje como Uslar Pietri o como García Bacca, donde hay problemas existenciales diferentes. ¿Cómo los maneja, si no los comprende? ¿Les aplica una formulita? ¿O cómo manejas el rural, que es casi gestual?

Trato de moverme en los dos extremos del conocimiento, aun cuando los extremos se tocan. Hoy por hoy, los biólogos son cada vez más físicos, y la filosofía es cada vez más positivista, más filosofía de la ciencia.

Parejas. Alguna vez dijo: mientras más se hace el amor, mejor.
—Lo reafirmo. Y durante toda la vida. Afortunadamente, contrario a lo que algunos sexólogos han opinado –pero allí están los informes de los verdaderos sexólogos, que por cierto hay muy pocos en el mundo– la sexualidad se puede mantener hasta el final de la vida, casi con la misma intensidad. Todo depende de que se practique con la mayor frecuencia posible. Las parejas norteamericanas longevas –allí están las estadísticas– de más de 80 años, que siguen haciendo el amor, cuando le preguntan sobre las que deja-

ron de hacerlo, la única respuesta es ésta: los que hacen el amor a esa edad, es porque lo hicieron todos los días de mil maneras. En cambio los que no lo hicieron, pensaron que la menopausia y la andropausia existían, y dejaron de hacer eso, que es tan maravilloso.

Y voy a eso: hacer el amor. Expresión tan hermosa. No es penetrar a una mujer de modo absolutamente primario y gimnástico. Hacer el amor es escuchar la música, saborear el vino, discutir los conceptos estéticos, éticos, eróticos, existenciales. Es comulgar con ella, y luego como desarrollo de ese proceso íntimo de convivencia, de compartir la vocación de trascendencia, surge el contacto de la piel, que es sistema nervioso, que es cerebro, que es la única parte exhibida electrodermo del embrión. Es piel, y de la piel, por supuesto surge lo genital. Todo ese hermoso contacto entre el hombre y la mujer, es lo que llamamos hacer el amor. El amor no existe: existe cuando se hace. Como los besos: no existen. Se hacen los besos al besar.

El amor se hace y tiene un proceso, como todo en la vida. Nacimiento, crecimiento, de transformación, y para que no muera, es por lo cual se produce el cambio. Ese amor que se transforma de la magia, a algo distinto por la vía de la amistad, del compañerismo, solidaridad fraternal, hace que en muchos casos desaparezca la magia del amor.

Aquello que dije y que tanto escándalo causó, lo reitero hoy, después de haber vivido muchos más años. El amor es constante, pero cambia de dirección, como el viento. Tiene que ser así, porque no hay nada que sea permanente. Porque la vida misma es un aliento muy breve, demasiado instantáneo. Entonces, ¿por qué la gente se empeña en creer que el amor es hasta la muerte? De nuevo, son los dogmas que generan rituales.

El amor es muy hermoso. En el caso mío, yo lo admito, las tres áreas fundamentales de mi vida son la lectura, que es lo que me permite el acceso al conocimiento, que va de un extremo al otro sin ninguna clase de área que deje de interesarme. La música, porque me permite no tener que ejercitarme, me permite descansar, reposar, en todo sentido; es otro mundo, otra imaginación, otra fantasía, la que vivo sin yo hacer nada, es un regalo, y bien barato de paso. Y de tercero, la mujer. La mujer, que es grandiosa. Cada vez que uno encuentra a una mujer, encuentra en ella mil cosas. Es un descubrimiento permanente, así como se descubre un libro, una música. La gente se alarma porque uno dice eso.

Hay que ver lo que significa el encuentro con una mujer. Cómo es, cómo ríe, cómo piensa, cómo es su ternura, cómo es su inteligencia, cómo abraza, cómo hace el amor, cómo tiene un orgasmo, todo ese mundo maravilloso de hacer el amor.

Las tres grandes áreas fundamentales, las mías, y las que pienso debería tener cualquier ser humano normal, son esas: leer mucho, para tener acceso a la cultura organizada y al conocimiento; oír música, porque nos permite evadirnos sin esfuerzos de la realidad; y hacer el amor, porque nos permite darle justamente a la vida una calidad de trascendencia compartida. Porque los otros dos son actos completamente solitarios. Actos irrepetibles y únicos en cada momento. El otro, pone a tu ser a vibrar al unísono con una mujer, y además, en ese momento resuelves lo que freudianos y lacanianos llaman el triángulo edípico.

—¿Hay en Venezuela un problema específico en torno al sexo?

—Yo no creo. Hay un dato interesante. Después de 50 años de educación sexual, Suecia, país precursor, tiene los índices más altos de homosexualidad, lesbianismo, perversiones sexuales. Ya no se trata de una opinión, sino de una cita de hechos. Suecia, donde en los años 40 surge la educación sexual como concepción saludable, que hay que llevar a las escuelas, tiene el balance del país con mayores problemas de perversiones sexuales de todo tipo.

—¿Conclusión?

—Que la sexología ha sido exagerada, producto de la propia represión de los sexualizados, que lo expresan por un área supuestamente científica. Lo que creo es que se ha exagerado. Es algo hermoso que debe explicarse de manera muy sencilla, muy simple. Pero han insistido demasiado. El encuentro de un hombre con una mujer sigue siendo muy hermoso, muy mágico. En los pacientes míos en terapia, el tema sexual es muy importante, pero no determinante. El de la comunicación sí, a otro nivel.

Frigidez, impotencia, siguen siendo graves, pero igual que en otros países. No somos una excepción. Tampoco podemos ser categóricos porque no hay estadísticas.

—**Tienes más pacientes mujeres que hombres.**

—Recuerda que son los pacientes quienes escogen al psiquiatra, y no el psiquiatra a los pacientes.

—**Significa entonces, ¿que las mujeres tienen más problemas?**

—Las mujeres son mucho más inteligentes que los hombres. Tienen más conciencia de sus trastornos. Y van al psicoterapeuta porque no saben cómo manejar los hijos, o la pareja, o los conflictos de trabajo. Y por eso, son cada vez más eficientes. Leen mucho más sobre psicología. Están mucho más informadas, y son más flexibles frente al recurso psicoterapéutico. El macho cabrío va a la conquista en plan de reto: aquí estoy yo. ¿Qué es lo que pasa? Cuando va, si es que va, allí están las conclusiones: el índice de fracasos es mucho mayor en éllos. Los políticos deberían ir. Debería ser un requisito indispensable para ser ministro, parlamentario, pasar por una evaluación psiquiátrica.

—**¿Crees que el capitalismo remplazará al marxismo-leninismo recién caído?**

—Lamentablemente creo que viene una larga etapa de represión de seudo ideologías capitalistas. Abunda el opor-

tunismo de la dirigencia política (al único dirigente q
escucho con alguna atención es a Teodoro, ágil, bien form
do). En la socialdemocracia no hay nadie, ni un solo pens
dor que tenga alguna lucidez, y en la democracia cristiaɪ
menos. Esas son las ideologías del capitalismo. ¿Qué hɜ
detrás del sistema norteamericano de vida, *american w*
of life? El pragmatismo más consumidor de perros calient
y hamburguesas, o de música rock, o de arte pop. No h
ideologías. Lo que hay es el gran drama del tecnozooism
El gran drama de la sustitución de la ideología por la te
nología.

No van a ser desplazadas las ideologías, sino que
producirá una especie de fundición entre ideologías q
aparentemente eran antagónicas. Esa parte hermosísiɪ
del marxismo leninismo que era inyectar a la juventud (
mundo –no importa si ilusoria– una utopía, va a econtɪ
ahora que pasan a ser gente reprimida, después que pɜ
esta locura de transición, fórmulas que permitan ensamb
antagonismos como el materialismo dialéctico con espirit
listas, la cual pudiera subyacer en el fondo de las llamac
ideologías capitalistas.

Si yo tuviera el vigor, el entusiasmo, la convicción
una candidatura, con más razón lo haría ahora. Hace fɜ
que alguien retome lo que Fidel ha planteado y lo adaɪ
con gente de la Teología de la Liberación. Ciertas fórmu
socialdemócratas que todavía son sanas, con algunos d
gentes como Andrés Velásquez, etc. Como esa gente que
defiende intuitivamente de la aplanadora del mundo cap
lista, representada en Venezuela por AD y Copei.

Lo que quería decirte, es que no fue mi derrota. Fuin
todos derrotados. Fíjate que la suma de personas cercaɪ
a mí, Teodoro, Velásquez, más los que no estaban cerca
mí, tipo Gessen, Guisandes, Villalba, todos ellos sacaroɪ
por ciento. La aplanadora adeco-copeyana fue abrumadɪ
entre los que votaron. Afortunadamente ya la mayoría de
gente no cree en ellos, y vamos a ver una abstención de
por ciento. Esa forma de negar la vigencia de un sisteɪ

esta carta reciente de los Notables del Frente Patriótico, toda esa reacción adversa a instituciones estatales, al Congreso, a la Presidencia de la República, tiene que ser un fenómeno latinoamericano, y va a ser un fenómeno mundial. De otra manera habría que negar que el hombre tiene salvación, que es una tesis también válida.

Marchamos hacia el desorden. Siguiendo la idea de la termodinámica. Cuando se pasa de la energía calórica a la energía mecánica, que es algo de todos los días, se convierte en energía, esto es física, calor.

Pareciera que el mundo marcha hacia el caos. Sólo hay dos alternativas: o se cree en una reformulación del hombre, y para ello no se puede prescindir de la tecnología que es la gran contradicción, o se asume como cualquier físico contemporáneo de cierta magnitud, que no hay salvación en términos universales, que no hay ninguna opción de libertad real, sino que todo es un gran invento del hombre, para defenderse contra la muerte. En ese caso, por supuesto, la ética se viene abajo.

Yo creo que el drama del hombre arranca en este próximo siglo XXI. Va a confrontar problemas que jamás confrontó la humanidad antes. Estamos ante lo que Jaspers llamaba las situaciones límites, que él las señalaba como positivas. Eran las situaciones críticas antes las que el hombre tenía que definirse, y generar cambios radicales.

—¿Todavía mantienes la opinión de «generación boba»?

—Desde los años 60 en adelante, con la aparición de la droga, del *blue jean*, del rock, toda esa cultura masiva, del disco, de las grandes manifestaciones musicales, vociferando como pequeños gorilas simiescamente, los bailes de tribus primitivas, creo que ha habido un proceso de embobamiento universal del hombre. De empobrecimiento espiritual masivo, de democratización de la idiotez. No es la generación de los 50, 60 a la que pertenecí. Mira hacia dónde vamos. A fin de siglo, sin haber hecho nada, después de 33

años de democracia. Los que fuimos dirigentes entonces, y supuestamente no éramos bobos, ¿qué hicimos? Venezuela está peor que en la década del 40. Después de haber gastado más que toda Europa para reconstruirse. ¿Qué somos como país? Y el mundo entero. Los cinco mil millones de seres humanos. ¿Cuántos comen? Los que tenían posibilidades de sueño, acaban de derogar sus gobiernos.

Es toda la humanidad la que marcha hacia una gran idiotez. Hacia una imbecilidad colectiva. Hacia una depauperación bien masificada. Porque no ha habido revolución de conciencias, y sí de masas. Y cuando algunos quisimos candidaturas presidenciales, o liderazgos para las conciencias, fuimos apabullados por las maquinarias populistas que se dirigen a las masas, para embobarlas, embrutecerlas, explotarlas, para hacerlas más sumisas y obedientes. Y los medios de comunicación han sido determinantes a nivel mundial. Y las parabólicas.

El futuro es verdaderamente incierto. Lo que queda lamentablemente es un repliegue, que es lo que he hecho, hacia el individualismo, para la reflexión, para el estudio, para la meditación, para la reevaluación de lo que es el presente y el futuro de la humanidad, a ver qué aporte podemos dar. Pero no será, por supuesto, desde la tribuna política, y ni siquiera, desde la tribuna universitaria.

—Tienes pocas esperanzas...
—Hay diferencias. La esperanza es un recurso, si se quiere, mediocre. Es una coartada frente a la muerte. La fe, es un fenómeno más profundo de reflexión. Soy un hombre de mucha fe, sin esperanzas.

ÍNDICE

Capítulo I: El crimen 11

Capítulo II: La investigación 41

Capítulo III: El sospechoso 83

Capítulo IV: El delirio 111

Capítulo V: El diagnóstico 151

Capítulo VI: La sentencia 181

Anexo: miyó vestrini y edmundo chirinos 223

Este libro se terminó de imprimir
en el mes de diciembre de 2010
en los Talleres de Editorial Melvin,
Caracas, Venezuela